VOS DROITS VOS OBLIGATIONS

lors de la

Transaction

de LICENCIEMENT,

de MISE À LA RETRAITE,

et en cas de DÉPART NÉGOCIÉ

Salariés, délégués, employeurs

VOS DROITS VOS OBLIGATIONS lors de la Transaction de LICENCIEMENT, de MISE À LA RETRAITE, et en cas de DÉPART NÉGOCIÉ

Guy LAUTIER, Avocat en Droit social,
Animateur FRANCIS LEFEBVRE FORMATION

Concrètement que dois-je faire ?

MAXIMA
LAURENT du MESNIL • ÉDITEUR

Avocat au barreau des Hauts-de-Seine, diplômé ès sciences économiques (Paris) et en gestion du personnel (ISSEC), **Guy Lautier** a d'abord été pendant quinze ans Directeur des Ressources Humaines dans le premier groupe de BTP français à l'époque (SCREG et ses filiales, repris par Bouygues depuis).

Devenu **Avocat, mention de spécialisation en droit social,** conseil et formateur en droit du travail principalement pour **Francis Lefebvre** Formation, **Guy Lautier** est un spécialiste tant pour les salariés que pour leurs employeurs des Petites et Moyennes Entreprises et des entités décentralisées des groupes.

Outre sa double expérience de praticien et d'Avocat, il a créé et présidé une société de travail temporaire.

Du même auteur, chez le même éditeur

- *Contrats de travail* (2e édition).
- *Les rémunérations.*
- *Réussir les 35 heures* (2e édition).
- *Vos droits, vos obligations : Durée du travail, Congés payés, Repos, Absences, Temps partiel* (2e édition).
- *Démission, départ négocié, licenciement, retraite, sanctions* (6e édition).

Infos/nouveautés/catalogue : **www.maxima.fr**

MAXIMA
LAURENT du MESNIL • ÉDITEUR

192, bd Saint-Germain, 75007 Paris
tél. : + 33 1 44 39 74 00 – fax : + 33 1 45 48 46 88

ISBN : 2 84 001 325 8

TABLE DES MATIÈRES

Troisième partie

LE DÉPART NÉGOCIÉ

AVANT- PROPOS

Une jurisprudence effrénée sur les transactions de la part de la Cour de cassation

Depuis une dizaine d'années, la Cour de cassation a de plus en plus encadré et limité le pouvoir des parties à transiger lors d'un départ décidé par l'employeur, plutôt que de soumettre le litige à la justice (Conseil de Prud'hommes, puis éventuellement Cour d'appel).

De grandes modifications en deux ans

La transaction est de plus en plus encadrée par la jurisprudence et les juges la contrôlent désormais sévèrement, sans compter les incidences de la loi de Finances de l'an 2000 qui soumet depuis les montants élevés aux charges sociales et à l'impôt sur le revenu (après l'émotion suscitée par le départ de P. Jaffré, Président d'Elf). À tel point qu'il faut partout modifier la rédaction même des transactions si l'on veut limiter les risques de redressement tant fiscaux pour les salariés que sociaux pour les employeurs.
Plus récemment, par une série de trois arrêts du 10/07/2002, la Cour de cassation a imposé une contrepartie financière pour toute clause de non-concurrence, alignant ainsi la France entière sur le modèle de l'Alsace-Moselle.

Ceci veut dire que sont illégales et donc non applicables plus de 50 % des actuelles clauses, qui ne comportaient pas de contrepartie financière à la mi 2002.

L'engouement des employeurs pour les transactions

Si près des deux tiers des cadres licenciés l'an passé sont partis avec une transaction, c'est qu'elle représente la solution incontestablement la plus élégante, prix de la paix sociale ou de la mauvaise conscience. L'engouement qu'elle suscite est également dû au contenu parfois totalement imprévisible de certaines décisions judiciaires.
C'est indubitablement la solution la plus rapide, la plus sûre et la moins onéreuse en cas de licenciement pour motif économique, surtout après les dispositions ayant cet objet dans la loi dite de « modernisation sociale » de janvier 2002.

La remise en cause de plus en plus fréquente de transactions signées

Victime de son succès, ce dernier espace de sécurité pour l'employeur est actuellement bouleversé par une série impressionnante d'arrêts de cassation récents. La Cour permet ainsi l'annulation de transactions pourtant signées en toute connaissance de cause sous des prétextes, qui certes ont leur valeur juridique, tel que « nul ne peut renoncer par avance à un droit », mais rendent ce mode d'accompagnement d'un licenciement de plus en plus hasardeux, et surtout, de plus en plus technique.

Les effets désastreux de cette évolution sur l'emploi

Ceux qui prennent ces décisions traitent en droit, au mieux de leur professionnalisme, chaque cas particulier pris individuellement, mais parfois, au détriment de la morale : c'est ainsi que l'on permet le reniement d'une signature donnée en toute connaissance de cause.
Songe-t-on au déplorable effet d'une telle évolution sur l'emploi, en particulier dans les PME ? Il ne se passe pas de semaines sans qu'un responsable de PME manifeste sa stupéfaction d'être condamné contre toute attente et toute logique, et me signale prendre grand soin d'éviter désormais d'engager un nouveau collaborateur. Il se réfugie dans la sous-traitance ou l'intérim avec les risques de plus en plus importants de requalification sur le plan civil et de sanctions sur le plan pénal. Beaucoup trop de responsables renoncent à accroître ainsi leur personnel. On s'éloigne de la « Société de confiance »…

Comment s'y retrouver dans ce maquis de textes et de jurisprudence ?

Le présent ouvrage s'est donné pour objectif d'aider au mieux ceux qui sont « sur le terrain » pour s'y retrouver simplement et avec sécurité, en évitant le double écueil d'être trop théoricien et celui d'être trop simpliste.
Il a pris pour ligne de conduite la neutralité et donne des conseils, pratiques et actualisés, tant au salarié qu'à l'employeur ou au hiérarchique.
Par ma quadruple expérience :

- de Directeur des Ressources Humaines dans un grand Groupe de plusieurs dizaines de milliers de personnes et d'une centaine d'établissements ou filiales pendant quinze ans ;
- de créateur et Président d'une entreprise de service pendant deux ans ;
- d'Avocat et de Conseil juridique pendant quinze ans ;
- de formateur en droit du travail, en particulier au sein de Francis Lefebvre Formation ;

je n'ai fait qu'être confronté à la problématique d'apporter la réponse la plus opérationnelle, la plus fiable et la plus conforme à l'éthique en matière de ruptures individuelles des contrats de travail.

UTILISATION DE CET OUVRAGE PRATIQUE

Cet ouvrage permet de trouver rapidement des réponses simples, concrètes et fiables. Plus encore que les précédents, il est le témoignage d'un praticien. Il se limite aux ruptures individuelles et ne traite pas des questions connexes telles que les clauses de concurrence.
Il se divise en 13 chapitres correspondant chacun à un thème facilement identifiable, à travers un plan unique pour chacun.

Une **VUE D'ENSEMBLE** permet de repérer le cadre juridique du thème abordé, son intérêt, et d'identifier rapidement dans quel cas on se trouve et comment bien poser son problème.

POUR PLUS DE DÉTAILS reprend de façon précise et détaillée chacun des éléments présentés synthétiquement dans la « vue d'ensemble ». De nombreux modèles de lettres, des conseils tant pour le salarié que pour l'employeur, et la mention des arrêts les plus récents, en rendent l'utilisation très concrète et opérationnelle.

Les **QUESTIONS / RÉPONSES** reprennent les interrogations les plus souvent formulées, aussi bien par les salariés que par les employeurs, en y apportant une réponse précise et toujours dans un langage simple.

Enfin un **INDEX ALPHABÉTIQUE** très complet, permet de retrouver rapidement toutes les informations relatives à une question.

LISTE DES ABRÉVIATIONS

ACOSS	Agence Centrale des Organismes de Sécurité sociale
AGIRC	Association Générale des Institutions de Retraite des cadres
Al.	Alinéa
A.N.P.E.	Agence Nationale Pour l'Emploi
Arr. min.	Arrêté ministériel
Art.	Article
A.R.T.T.	Aménagement et Réduction du Temps de Travail
ASFNE	Allocation Spéciale du Fonds National pour l'Emploi
ASSEDIC	Association pour l'emploi dans l'industrie et le commerce
B.O.	Bulletin Officiel
B.T.P.	Bâtiment et Travaux Publics
Bull.	Bulletin
Bull. civ.	Bulletin civil
Bull. crim.	Bulletin criminel
C.A.	Cour d'Appel
Cass.	Cour de Cassation
Cass. civ.	Arrêt de la Cour de Cassation, chambre civile
Cass. crim.	Arrêt de la Cour de Cassation, chambre criminelle
Cass. soc.	Arrêt de la Cour de Cassation, chambre sociale
C. civ.	Code civil
CCN	Convention Collective Nationale
C.D.D.	Contrat à Durée Déterminée
C.D.I.	Contrat à Durée Indéterminée
C.E.	Comité d'entreprise
C.E.T.	Compte épargne-temps
C.H.S.C.T.	Comité d'Hygiène, de Sécurité et des Conditions de Travail
Circ. min.	Circulaire ministérielle
C.J.C.E.	Cour de Justice des Communautés Européennes
C.N.I.L.	Commission Nationale Informatique et Liberté
C.P.A.M.	Caisse Primaire d'Assurance Maladie
C.R.A.M.	Caisse Régionale d'Assurance Maladie
CRDS	Contribution au Remboursement de la Dette Sociale
CSG	Contribution Sociale Généralisée
C.S.S.	Code de la Sécurité sociale
C.T.	Code du travail
D	Décret
D.D.T.E.	Direction Départementale du Travail et de l'Emploi
D.P.	Délégués du Personnel
D.R.T.	Direction des Relations du Travail (au Ministère du Travail)

F.N.E.	Fonds National pour l'Emploi (au Ministère du Travail)
H.S.	Heure Supplémentaire
J.O.	Journal Officiel de la République
J.O.C.E.	Journal Officiel des Communautés Européennes
L.	Loi
N.C.P.C.	Nouveau Code de Procédure Civile
Ord.	Ordonnance
P	Arrêt Publié dans le bulletin mensuel de la Cour de cassation
PACS	Pacte Civil de Solidarité
P + B	Arrêt Publié dans le bulletin civil et social de la Cour de cassation
P + B + R	Arrêts les plus significatifs publiés dans le rapport annuel de la Cour de cassation
RAR	Recommandée avec Accusé de Réception
R	Règlement
Rép. Min.	Réponse ministérielle
RJS	Revue de Jurisprudence Sociale Francis Lefebvre
R.T.T.	Réduction du Temps de Travail
T.G.I.	Tribunal de Grande Instance
URSSAF	Union de Recouvrement des cotisations de Sécurité sociale et d'Allocations Familiales
V.R.P.	Voyageur, Représentant, Placier

Première Partie

NE PAS CONFONDRE LA TRANSACTION ET LE DÉPART NÉGOCIÉ

(ou rupture par consentement mutuel, ou rupture amiable, ou rupture conventionnelle, ou accord amiable, ou départ d'un commun accord, ou rupture négociée…)

I

QUELLES SONT LES DIFFÉRENCES ENTRE TRANSACTION ET DÉPART NÉGOCIÉ

VUE D'ENSEMBLE

A NE PAS CONFONDRE TRANSACTION, RUPTURE AMIABLE, ET AUTRES MODES DE RUPTURE DU CONTRAT DE TRAVAIL

B DÉFINITION ET INTÉRET DE LA RUPTURE PAR ACCORD AMIABLE (ART. 1134)

C DÉPART NÉGOCIÉ ET RUPTURE JUDICIAIRE

D DÉPART NÉGOCIÉ ET TRANSACTION

E LA LICÉITE DU DÉPART D'UN COMMUN ACCORD

F LES 3 CAS DE RUPTURE PRÉVUS PAR LE CODE DU TRAVAIL

G LES 5 CAS D'INTERDICTION ABSOLUE DE RUPTURE

H PENDANT L'EXÉCUTION D'UN CONTRAT DE TRAVAIL EN CAS D'ACCORD RELATIF À UN DIFFÉREND FAUT- IL UNE TRANSACTION OU UN ACCORD NÉGOCIÉ ?

POUR PLUS DE DÉTAILS

A — NE PAS CONFONDRE TRANSACTION, RUPTURE AMIABLE, ET AUTRES MODES DE RUPTURE DU CONTRAT DE TRAVAIL

Il ne faut pas confondre les différents cas de rupture du contrat, que sont :

- **le départ négocié**, ou « rupture amiable » dit également « par consentement mutuel » ou « rupture conventionnelle », régi par l'article 1134 du Code civil. C'est un mode autonome de rupture du contrat de travail reposant sur la liberté contractuelle ; un accord par lequel les parties décident de mettre fin au contrat de travail. C'est parce que cet accord donne lieu à une négociation et à une convention entre les parties, qu'on le dénomme rupture « négociée » ou « par consentement mutuel », ou « rupture conventionnelle ».
- **la transaction**, régie par les articles 2044 à 2058 du Code civil, qui est, pour l'essentiel, un cas d'accompagnement d'un licenciement déjà notifié, ou plus rarement, d'une mise à la retraite, d'un litige ou d'une démission.
- **la résiliation judiciaire du contrat de travail** qui est prononcée par le juge pour sanctionner l'inexécution de ses obligations par l'une ou l'autre des parties (Cass. soc. 22/10/1997, n° 95-41.866).
- **la résiliation unilatérale** dont le type est la démission, le départ volontaire à la retraite, le licenciement ou la mise à la retraite du salarié par son employeur.

B — DÉFINITION ET INTÉRÊ T DE LA RUPTURE PAR ACCORD AMIABLE (ART. 1134)

La rupture du contrat de travail peut, en l'absence de force majeure, (par exemple du fait du prince), être :

- unilatérale (démission, licenciement, départ ou mise à la retraite) ;
- judiciaire (résiliation judiciaire dite aussi résolution judiciaire, terme

de moins en moins utilisé, mais que l'on retrouve dans les livres de droit) ;
- ou conventionnelle, c'est-à-dire ayant fait l'objet d'une « convention » entre les parties.

Or, dans tous ces modes de rupture, le contrat de travail peut donner lieu à un différend entre les parties qu'elles peuvent parfois régler à l'amiable. Cet accord de règlement amiable est, en général, une transaction qui fait suite à une rupture déjà notifiée par l'employeur, mais qui peut être un départ négocié hors licenciement.
La tendance de la jurisprudence étant de privilégier le licenciement, réputé plus protecteur des droits du salarié, il en résulte que les accords de rupture négociée sont soumis à des conditions strictes et ne doivent pas masquer une renonciation anticipée du salarié à un droit d'ordre public (Cass. soc. 01/01/1999, n° 96-44.955).

Un contrat de travail peut toujours cesser par la volonté :
- du salarié (démission, départ à la retraite...) ;
- de l'employeur (licenciement, mise à la retraite...) ;

mais il peut aussi cesser par la volonté commune des parties, celles-ci concrétisant leur accord sur le principe du départ et les conditions de la cessation des relations de travail, en application de l'article 1134 du Code civil :

> « Les conventions légalement formées tiennent lieu de loi à ceux qui les ont faites. Elles ne peuvent être révoquées que par leur consentement mutuel, ou pour les causes que la loi autorise. Elles doivent être exécutées de bonne foi. »

L'intérêt de la rupture par accord amiable, quoique limité dans la pratique, est évident.
Ce mode de rupture peut intervenir chaque fois qu'aucune des parties ne peut ou ne souhaite supporter la charge de l'imputabilité de la rupture. Par exemple :
- en cas de mésentente ou de divergences profondes entre les parties ;
- si l'initiative de rupture est prise par le salarié pour des raisons d'ordre personnel ;
- en cas d'événements extérieurs aux parties mais non constitutifs de la force majeure ;
- en « habillage » élégant d'un souhait de départ à la retraite, le salarié ne remplissant plus les conditions pour avoir droit aux allocations de l'ASSEDIC...

De plus, ce genre de rupture autonome du contrat présente d'incontestables avantages sur le plan financier. Il permet de fixer une indemnité inférieure à l'indemnité de licenciement, cette indemnité pouvant échapper aux charges sociales et à l'impôt si l'acte est conclu par un professionnel.

C RUPTURE NÉGOCIÉE ET RUPTURE JUDICIAIRE

La rupture négociée résulte de l'accord des parties, en application de l'article 1134 du Code civil selon lequel « les conventions légalement formées tiennent lieu de loi à ceux qui les ont faites ; elles ne peuvent être révoquées que de leur consentement mutuel ou pour des causes que la loi autorise ».
La rupture judiciaire est la sanction prononcée par le juge en application de l'article 1184 du Code civil, lorsque l'une ou l'autre des parties n'exécute pas ses obligations. En droit du travail, son domaine est devenu de plus en plus restreint en raison des règles d'ordre public qui régissent le licenciement, et de la tendance de la jurisprudence à privilégier ce mode de rupture du contrat de travail, réputé plus protecteur du salarié. En pratique, la procédure de résiliation judiciaire au titre de cet article 1184 du Code civil, devient de plus en plus inopérante en droit social, même en cas de faute grave ou lourde d'un CDD (Cass. soc. 04/12/2001 RJS 02/02 n° 149).

D DÉPART NÉGOCIÉ ET TRANSACTION

Ils ont des fondements légaux différents : l'article 1134 du Code civil pour la rupture négociée, l'article 2044 du Code civil pour la transaction.

Ils ont des objets différents :
- un accord transactionnel après la notification d'une rupture du contrat par l'employeur, « terminer une contestation née » ou prévenir « une contestation à naître » (art. 2044) pour la transaction. Il en résulte que la transaction succède à la rupture dont elle règle, le cas échéant, les difficultés d'exécution par des concessions mutuelles. Conséquence : l'accord qui est consécutif à un licenciement déjà prononcé ne peut pas être un accord de rupture amiable, c'est une transaction (Cass. soc. 21/06/1995 n° 91-45.806 : « qu'en statuant ainsi, alors qu'elle avait constaté que cet acte avait été conclu deux mois après le licenciement,

ce dont il résultait qu'il ne pouvait être considéré comme une rupture amiable, mais comme une transaction destinée à régler les conséquences pécuniaires de ce licenciement » ; dans le même sens, Cass. soc. 02/12/1997, n° 95-42.008, Bull. civ. V, n° 415).

– à l'inverse, l'accord conclu avant la rupture n'a pas valeur de transaction, les parties décident d'un commun accord de mettre un terme au contrat en cas de rupture amiable. C'est ce qu'exprime un arrêt de la Cour de cassation : « Si les parties à un contrat de travail décident d'un commun accord d'y mettre fin, elles se bornent à organiser les conditions de la cessation de leurs relations professionnelles, tandis que la transaction, consécutive à une rupture du contrat de travail par l'une ou l'autre des parties, a pour objet de mettre fin, par des concessions réciproques à toute contestation née ou à naître résultant de cette rupture. Il s'ensuit que la transaction ayant pour objet de mettre fin à un litige résultant d'un licenciement ne peut être valablement conclue qu'une fois la rupture intervenue et définitive. » (Cass. soc. 29/05/1996 n° 92-45.115, ou 16/07/1997 n° 94-42.283).

Il est donc net, que l'on ne peut, dans le même acte, conclure un accord de résiliation amiable et régler les différends qui opposent les parties ; il faut deux actes successifs, l'accord transactionnel étant toujours postérieur à l'accord de rupture définitive.

Les droits des salariés sont différents après la rupture du contrat selon qu'il y a eu rupture négociée au sens de l'article 1134 ou transaction :

– le salarié ne renonce pas obligatoirement à tout recours. L'accord signé dans le cadre d'une rupture d'un commun accord n'exclut pas que le salarié puisse intenter une action contre l'employeur, le salarié réclamant alors soit des rappels de salaire correspondant à la période de travail antérieure, soit des sommes omises dans le cadre de l'accord. La Cour de cassation considère en effet qu'un tel accord ne constitue pas une transaction destinée à mettre fin, par des concessions réciproques, à toute contestation née ou à naître résultant de la rupture définitive du contrat de travail et ne peut donc avoir pour effet, peu importent les termes de l'accord, de priver le salarié des droits nés de l'exécution du contrat de travail (Cass. soc. 16/05/2000 n° 98-40.238). Il s'agissait en l'cspèce de demandes en paiement de frais de déplacement, d'indemnités de repas et d'une indemnité compensatrice de congés payés. La rupture négociée n'est donc pas totalement sécurisante ni pour le salarié, ni pour l'employeur.

– la transaction, elle, empêche en principe le salarié d'intenter un

recours contre l'employeur, car elle a autorité de la chose jugée et a un caractère intangible et définitif. Mais cette portée est atténuée dans la pratique car depuis quelques années, de nombreuses transactions sont contestées et invalidées par les tribunaux. Il ne faut pas pour autant conclure à l'inutilité de tels protocoles d'accord. Sous réserve de respecter les règles posées en jurisprudence, il est utile de transiger.
- de grandes incertitudes demeurent quant aux allocations ASSEDIC. En effet, le salarié ne pourra *a priori* pas prétendre au chômage dès la rupture de son contrat, cette rupture étant volontaire pour les ASSEDIC.

Conséquences : le départ négocié, dans ces conditions, conserve quand même, par rapport à une transaction, l'intérêt principal d'éviter le formalisme de la rupture, l'absence de notification du licenciement et d'énumération des motifs. Il permet, comme la transaction de fixer d'un commun accord les modalités du préavis et des indemnisations du départ. Il a l'inconvénient d'être plus risqué pour le salarié, vis-à-vis du fisc et de l'ASSEDIC.

E LA LICÉITÉ DU DÉPART D'UN COMMUN ACCORD

Cette licéité relève de l'article L. 122-3-8 du Code du travail qui réserve expressément la possibilité de rompre avant terme un contrat à durée déterminée par accord des parties.
Elle est plus généralement inscrite dans l'article 1134 du Code civil qui prévoit la révocation des contrats par voie de consentement mutuel et implicitement dans l'article L. 121-1 du Code du travail qui renvoie au droit commun des contrats civils.

F LES 3 CAS DE RUPTURE PRÉVUS PAR LE CODE DU TRAVAIL

Le Code du travail prévoit la rupture du contrat au titre de l'article 1134 du Code civil dans 3 cas :
- **la rupture du contrat d'apprentissage** (Art. L117-17) ;
- **la rupture anticipée du CDD** (Art. L 122-3-8) ;
- **la cessation anticipée d'activité avant 60 ans** (ARPE).

G LES 5 CAS D'INTERDICTION ABSOLUE DE RUPTURE

- **illicéïté des ruptures amiables concernant les salariés protégés**, même si l'Inspecteur du travail avait approuvé la rupture ainsi négociée ;
- **en cas de motif économique** (Art. L 321-1.) ;
- **en cas d'inaptitude physique au travail consécutive à un accident du travail ou une maladie professionnelle contractée dans la société employeur**, le Code du travail a ainsi généralisé la règle qui s'applique à toute rupture fondée sur un motif économique. La jurisprudence a soumis tous les départs volontaires à l'obligation de respecter la formalité de l'information et de la consultation des Représentants du Personnel dans ce cas (Cass. crim. 29/11/1994 n° 93-81.321, Cass. soc. 22/02/1995 n° 92-11.566) ;
- **en cas d'inaptitude physique prononcée par le médecin du travail ;**
- **pendant la suspension du contrat de travail suite à un accident du travail.**

Pour plus de détails, se reporter au chapitre concerné du présent ouvrage chapitre XIII.

H PENDANT L'EXÉCUTION D'UN CONTRAT DE TRAVAIL EN CAS D'ACCORD RELATIF À UN DIFFÉREND FAUT-IL UNE TRANSACTION OU UN ACCORD NÉGOCIÉ ?

Il n'est pas interdit, donc il est permis, aux parties de transiger pour mettre fin à un différend concernant l'exécution même du contrat de travail (Cass. soc. 10/03/1998 n° 95-43.094 P).
Bien que ce soit rare, il peut arriver que l'employeur (ou son représentant, le DRH le plus souvent), mette fin à un litige, certes mineur, mais qui empoisonne les relations professionnelles, sans pour autant vouloir rompre le contrat de travail.
Un accord écrit doit alors être conclu alors que le salarié est sous la subordination juridique de l'employeur.

Nous conseillons très nettement d'utiliser la transaction, et non l'article 1134. Une telle transaction est valable si elle obéit aux conditions générales de validité des transactions.
Toutefois, la concession que consent le salarié ne peut pas être la renonciation aux dispositions d'un accord collectif car il ne peut renoncer à un tel droit.

QUESTIONS / RÉPONSES

Peut-on, par transaction, payer moins que l'indemnité de licenciement conventionnelle ?

Non, car « nul ne peut renoncer à un droit, toute clause contraire est nulle de plein droit ».
Seul le départ négocié, au sens de l'article 1134 du Code civil le permettrait, si l'origine de la rupture ne reposait pas sur l'employeur.

Deuxième Partie

LA TRANSACTION

II

DÉFINITION ET INTÉRÊTS DE LA TRANSACTION

VUE D'ENSEMBLE

- **A** LA GÉNÉRALISATION DES TRANSACTIONS
- **B** LA DÉFINITION D'UNE TRANSACTION
- **C** L'INTÉRÊT D'UNE TRANSACTION POUR LE SALARIÉ
- **D** L'INTÉRÊT D'UNE TRANSACTION POUR L'EMPLOYEUR
- **E** LES 2 EFFETS JURIDIQUES D'UNE TRANSACTION
- **F** UNE TRANSACTION NE SAURAIT ENGAGER LES TIERS
- **G** LA TRANSACTION AVEC UN MANDATAIRE SOCIAL

POUR PLUS DE DÉTAILS

A LA GÉNÉRALISATION DES TRANSACTIONS

Dans les cas où l'employeur a pris l'initiative de la rupture de leur contrat de travail, on constate qu'en l'an 2000, plus des deux tiers des cadres ont bénéficié d'une transaction accompagnant leur licenciement ou leur mise à la retraite.

B LA DÉFINITION D'UNE TRANSACTION

La France se rapproche ainsi d'un mode de rupture du contrat de travail plus habituel dans les pays rhénans que dans les pays latins.

Cet engouement des employeurs est incontestablement dû au contenu parfois totalement imprévisible de certaines décisions judiciaires. Comme dit l'adage : « Un mauvais arrangement vaut mieux qu'un bon procès ».

Le principe est qu'à l'occasion de tout départ, des litiges et contestations peuvent naître entre l'employeur et son salarié. Ces litiges peuvent porter :

- sur des sommes dues au titre de l'exécution du contrat (primes, salaires, frais...) ;
- ou sur d'autres éléments (préavis, indemnité de licenciement, réparation du préjudice, qualificatif de la faute, contestation du licenciement...).

Le salarié peut attaquer son employeur devant le Conseil de Prud'hommes, mais cette procédure est longue, très aléatoire et onéreuse. La première phase dans les Prud'hommes est une **phase de conciliation**. Si les parties concilient, on s'accorde sur une **convention transactionnelle de conciliation**.

Depuis 1953, on peut signer une convention transactionnelle sous seing privé :

- sans droit de timbre et sans formalité de dépôt ;
- sans devoir passer devant un Tribunal.

C'est la transaction.

Depuis longtemps la Cour de cassation estime que si les dispositions du Code du travail relatives à la rupture du contrat de travail sont bien des dispositions d'ordre public, ceci ne peut faire obstacle à ce que les « parties transigent sur les conséquences civiles d'un licenciement » (Cass. soc. 22/06/1977 n° 75-40.679).
La transaction présente de nombreux avantages, tant pour le salarié que pour l'employeur. Elle a en particulier le mérite de régler rapidement un litige, de faire l'économie des frais inhérents à une instance contentieuse dont l'issue est incertaine et lointaine, d'éviter des charges sociales et de rendre certaines sommes non imposables pour le salarié. Elle a en outre le mérite de mettre en place « un départ élégant » ne laissant pas un trop mauvais souvenir au salarié qui a l'impression d'avoir bien négocié. La transaction est donc le prix d'une certaine paix sociale, parfois même de la mauvaise conscience...

Elle s'accompagne la plupart du temps :
- d'un renoncement ultérieur à tout recours ;
- et obligatoirement de concessions réciproques, (mais pas obligatoirement proportionnelles).

Ce n'est pas un mode autonome de rupture du contrat de travail, c'est un **acte réglant les conséquences d'une rupture du contrat de travail déjà notifiée** pour mettre fin à toute contestation. Rupture généralement par licenciement, mais également, bien que plus rarement, par mise à la retraite, en cours d'essai, voire par démission.

Elle n'a pas officiellement pour objet d'organiser la rupture du contrat, c'est la rupture par consentement mutuel régie par l'article 1134 du Code civil qui a cet objet. Elle a pour seul effet de régler les conséquences d'une rupture déjà notifiée par lettre avec A.R. (RAR ou remise contre décharge).

Il n'y a pas de définition de la transaction dans le Code du travail, qui toutefois ne l'interdit pas. Ce mode de rupture, de plus en plus employé, est régi par les articles 2044 à 2058 du Code civil.

Art. 2044 :

« La transaction est une convention écrite, par laquelle les parties :
- terminent une contestation déjà née ;
- ou préviennent une contestation à naître.

Ce contrat doit être rédigé par écrit ».

Lorsqu'elle est légalement formée (c'est-à-dire sans clause illégale et en respectant les 11 conditions de validité), elle « a entre les parties, l'autorité de la chose jugée en dernier ressort »(Art. 2052).

C L'INTÉRÊT D'UNE TRANSACTION POUR LE SALARIÉ

La transaction a un intérêt fiscal incontestable pour le salarié
Conclure une transaction avec l'indemnité transactionnelle réparatrice de préjudice qui l'accompagne, a d'autant plus d'intérêt que la rémunération du salarié est élevée, ne serait-ce que sur un plan fiscal pour des tranches marginales d'impôt pouvant dépasser 50 % de prélèvement.

Même si l'intérêt fiscal est moindre pour les salariés ayant de faibles tranches marginales d'impôt, il subsiste néanmoins.

> Notons qu'il ne faut pas raisonner en tranche moyenne d'impôt, mais sur la tranche la plus haute, puisque toute somme supplémentaire perçue qui serait considérée comme imposable par l'Administration fiscale subirait bien la tranche marginale de l'Impôt sur le Revenu des Personnes physiques (IRPP), qui s'élevait en 2002 avant la réduction « Raffarin » de 5 % (sur les revenus de 2001), à :
> - 52,75 % pour la 6e tranche ;
> - 46,75 % sur la 5e tranche ;
> - 41 % sur la 4e tranche ;
> - 31 % sur la 3e tranche ;
> - 21 % sur la 2e tranche.
>
> Seuls les revenus annuels imposables (R), divisés par le quotient familial ou nombre de parts (N), n'excédant pas 4 121 euros en 2001, n'étaient pas imposables.

C'est ainsi que sur le seul plan fiscal, percevoir une indemnité transactionnelle non soumise à l'IRPP est intéressante non seulement pour les ETAM (Employés, Techniciens, Agents de Maîtrise), mais aussi pour les ouvriers ayant des revenus imposables.

Les autres intérêts de la transaction pour le salarié
Outre l'intérêt fiscal, le montant d'une indemnité transactionnelle ne subit pas les prélèvements sociaux retenus sur les salaires du salarié et qui s'élèvent à environ 25 % de sa rémunération.

Chacun peut comprendre que le salarié concerné préfère bénéficier directement du quart de la somme payée par l'employeur, retenu en précompte salarié sur le montant brut de son salaire, plutôt que de le voir verser aux organismes sociaux, qu'il considère souvent comme le tonneau des Danaïdes des déficits publics !
De plus, une transaction s'accompagne souvent de bien d'autres mesures d'accompagnement ou avantages, que le seul aspect monétaire.
Enfin, la plupart des salariés n'ont pas un esprit contentieux et préfèrent transiger plutôt qu'engager une action prud'homale :

- coûteuse, ne serait-ce qu'avec les frais de défense du salarié qui minimiserait ses chances en allant plaider tout seul ;
- à l'issue plus qu'incertaine, car l'employeur a beaucoup plus de moyens que le salarié pour constituer un très solide dossier, ne serait-ce que pour obtenir des pièces et des témoignages ;
- dont l'issue est lointaine. L'employeur condamné a en effet la possibilité de tenter, avec son avocat, des procédures dilatoires de retardement et de faire appel d'un jugement qu'il considérerait comme lui étant trop défavorable. Cela peut reporter d'autant le paiement d'éventuelles indemnités de dommages et intérêts, et parfois, comme dans le cas d'un Prud'hommes à Nanterre avec 22 mois en moyenne, suivi d'un appel à la Cour d'Appel de Versailles, il faut compter plusieurs années !

D L'INTÉRÊT D'UNE TRANSACTION POUR L'EMPLOYEUR

La transaction en tant que prix de la paix sociale

Lorsqu'un salarié quitte l'entreprise sur l'initiative de l'employeur, avec une transaction où il estime qu'il a bien négocié en obtenant une somme qu'il n'aurait probablement pas obtenue par les Prud'hommes, il le fait savoir, et l'on voit mal comment les partenaires sociaux trouverait cela scandaleux.
Ajoutons qu'en cas de procès ou d'action prud'homale, c'est également une perte de temps, d'énergie, voire d'argent pour l'entreprise qui peut avoir des répercussions néfastes. C'est pourquoi, le recours à la transaction est souvent, par bien des aspects, le prix de la paix sociale.

Le prix du climat social et de l'absence de démotivation

Chacun observe comment son collègue est traité par la Direction lors de son départ, ceci lui donne une petite idée de la façon dont il risque à son tour, d'être traité un jour.

Une politique mesquine, ou pire, une politique écartant par principe tout accord amiable a un effet destructeur sur le climat de confiance.
En revanche, il convient d'éviter un recours systématique aux transactions. En effet, lorsqu'un salarié a commis une grave faute ou a abusé clairement, il n'y a aucune raison de ne pas le licencier dans les règles avec un superbe dossier bien établi. S'il intente une action prud'homale, il aura peu de chance de gagner. Rien de pire que les sociétés où les salariés pensent que, quelles que soient les fautes commises, l'entreprise négociera toujours.

Le prix de la mauvaise conscience
Il y a des cas où l'employeur a recours à une aide avec le versement d'une indemnité transactionnelle à un salarié qui objectivement ne la mériterait pas.
Par exemple :
- le cas où il a le sentiment qu'on a laissé les choses pourrir depuis bien des années sans réagir à temps. C'est le cas, par exemple lorsque l'employeur est confronté à un salarié caractériel ou sous l'emprise de l'alcool ou de la drogue ;
- le cas d'un salarié, dont la présence n'est plus tolérable, mais qui est dans une situation de famille si difficile que son licenciement risque d'aggraver une situation financière ou psychologique déjà limite ;
- le cas, généralement dans un licenciement économique, où l'indemnité de licenciement conventionnelle ou légale est si faible, que l'employeur trouve moral de l'augmenter, mais avec une transaction afin de ne pas risquer les Prud'hommes ;
- le cas d'une fusion d'entreprise ou de service, où deux responsables occupaient les mêmes fonctions et que le reclassement de l'un d'entre eux n'est pas possible…

Le prix des réorganisations
Il arrive également qu'à la suite d'une fusion, d'une location-gérance, d'une réorganisation... il y ait des doublons. Or, la jurisprudence n'admet la suppression des doublons que si elle est indispensable à la sauvegarde de la compétitivité de l'entreprise (Cass. soc. 29/01/2002 n° 00-41.479 ; 29/04/1998 n° 96-40.520). La seule volonté d'un souci d'économie ou de la diminution de la masse salariale est systématiquement jugée insuffisante (Cass. soc. 29/04/1998 n° 96-40.520).
La transaction est alors le moyen le plus humain et le plus sûr de se séparer du salarié.

Le prix de la rapidité

Rien n'est plus pénible qu'une cohabitation devenue de plus en plus difficile et qui s'éternise. Un divorce propre et élégant, avec une transaction signée entre gentlemen, où personne ne perd la face, et rapidement mené, n'est-il pas la solution la plus noble ? Pourquoi ne pourrait-on pas divorcer à l'amiable en conservant après de bonnes relations ? Pourquoi serait-il préférable d'aller étaler en public des différends ?

Il est évident que, bien souvent, tant pour le salarié visé que pour sa société, lorsque le divorce est devenu inéluctable, la transaction est le prix de la rapidité, avec la dispense de préavis. Certains vont même jusqu'à anticiper la procédure, c'est la pratique du licenciement antidaté.

Le prix de la sécurité juridique

Il faut avouer que de plus en plus de jugements sont devenus surprenants, voire extravagants ou scandaleux, et que l'employeur perd parfois un dossier qu'il croyait « béton », tant devant le Conseil des Prud'hommes, qu'en appel, voire parfois en cassation.

La transaction, par la renonciation à tout recours et la fin des procédures en cours, est le prix d'une sécurisation juridique.

La meilleure solution pour certains licenciements ayant une origine économique

La loi dite de « modernisation sociale », votée le 19/12/2001 et partiellement validée par le Conseil Constitutionnel le 12/01/2002, a modifié profondément une procédure qui était déjà fort complexe. Elle a de plus eu pour effet d'allonger les délais de façon extravagante, en particulier dans le cas des grandes entreprises de plus de 1000 salariés.

Citons par exemple :

- les consultations du C.E. (Comité d'entreprise ou d'établissement selon les cas), au titre du Livre IV du Code du travail (C.T.) ;
- l'intervention de l'expert-comptable du C.E. et l'allongement qui en résulte ;
- les consultations du C.E. au titre du Livre III du C.T. qui ne peuvent commencer qu'après l'achèvement de la longue procédure du Livre III (Art. L. 321-3 du C.T.) ;
  la négociation avec le C.E. des critères et de l'ordre des licenciements, avec la disparition des qualités professionnelles. Il ne reste désormais plus que 3 critères obligatoires à prendre en compte, l'ancienneté, les charges de famille et les difficultés spécifiques de réintégration professionnelle ;

- le droit absolu au reclassement des salariés (Art. L. 321-1 nouveau) ;
- la conception et la négociation d'un « plan de sauvegarde de l'emploi » si la compression porte sur au moins 10 salariés dans une entreprise d'au moins 50 salariés dans les 3 mois, ou sur 18 emplois dans l'année civile. La possibilité pour l'Inspection du travail de le refuser comme insuffisant, ce qui oblige à reprendre la procédure à son début ;
- l'éventuel retardement par le C.E. de la procédure du Livre IV avec l'adoption d'une « étude d'impact social et territorial (plus de 100 salariés concernés en cas de cession partielle ou totale d'activité) ;
- la possibilité pour le C.E. d'émettre son nouveau droit d'opposition se traduisant par la saisine d'un médiateur en cas de cessation d'activité (Art. L.431-1 du C.T.) ;
- l'impossibilité de recourir à un licenciement économique lorsque l'entreprise de plus de 11 salariés est dépourvue de Délégués du Personnel, ou lorsque l'entreprise de plus de 50 salariés est dépourvue de C.E., sauf à produire un P.V. de carence récent (Art. L. 321-1 du C.T.) ;
- l'obligation d'offrir des congés de reclassement pouvant aller jusqu'à 9 mois et rémunérés par l'employeur (Art. L. 321-4-3) ;
- le nouveau dispositif du « PRÉ-PARE » défini par le nouvel article L. 321-4-2 ;
- le délai d'exercice rallongé de la priorité de réembauchage d'un an après la fin du préavis (Art. L. 321-14) ;
- les interventions multiples de retardement de l'Inspection du Travail et des syndicats !
- etc.

Tout cela aboutit, non seulement, à des délais de plusieurs mois, pouvant dépasser un an dans certains cas, mais a une complexité et des risques juridiques d'échec tels, que de plus en plus de Cabinets d'avocats, et non des moindres, refusent désormais d'assister les entreprises dans les procédures collectives compte tenu du risque d'annulation des licenciements ! Les juristes ont en mémoire le fameux arrêt « La Samaritaine », qui a consacré la possibilité pour le juge de purement et simplement annuler les licenciements prononcés plusieurs années après, avec réintégration des salariés, au motif d'un défaut de procédure ou du contenu d'un plan social que les juges ont estimé insuffisant, ce qui n'avait pas été le cas de l'Inspection du travail, (Cass. soc. 13/02/1997 RJS 03/97 n° 269).
Il faut avouer que cet engouement des employeurs pour le recours à la transaction, est incontestablement aussi dû au contenu parfois totalement imprévisible de certaines décisions judiciaires.

Dans ce contexte, il est bien évident qu'un employeur d'une certaine taille ne saurait fermer son entreprise ou un établissement en n'ayant recours qu'à des transactions. Il y aurait détournement ou abus de droit.
En revanche, pour des réductions modestes d'effectifs, la transaction est la seule solution sûre, c'est la plus économique, la plus rapide, la plus ciblée.
Personne de raisonnable ne devrait prétendre que la procédure actuelle de plusieurs mois où le salarié reste dans l'incertitude de savoir s'il est ou non « sur la liste » est humaine. Il n'y a rien de pire que l'incertitude.
N'est-il pas plus moral, par la transaction, d'analyser le cas individuel de chacun ? Pour untel, besoin d'un out-placement, pour tel autre, besoin d'une formation complémentaire, là, souhait d'un reclassement, ici, besoin d'une assistance à une reconversion… tout ceci étant géré avec un accompagnement humain en plus de l'accompagnement financier.

Le prix de l'image de l'entreprise
Le Conseil de Prud'hommes a un ressort territorial regroupant un certain nombre de communes. Le Conseil généralement compétent est celui de la commune où le salarié exerçait son activité. La mauvaise réputation d'une entreprise auprès d'un Conseil peut altérer les jugements. La transaction évite cette dégradation de l'image de l'entreprise surtout pour des dossiers douteux ou tangents.
On pourrait même prétendre qu'un bon accord, élégant financièrement, adapté au cas par cas, relève beaucoup plus de **l'éthique**, que la simple application des critères aveugles de licenciement ou d'un « plan de sauvegarde de l'emploi » qui n'a la plupart du temps de « sauvegarde » que le nom.

La transaction pour éviter une action contentieuse du salarié
Dans bien des cas, il est utile pour l'employeur de signer une transaction, en particulier pour se protéger contre une éventuelle action devant les Prud'hommes, ou pour l'interrompre, ceci à n'importe quel stade de la procédure.
Rappelons que si la prescription en matière de rémunération ou de frais est quinquennale, elle est trentenaire en matière des conditions de la rupture d'un contrat de travail !

Cette action peut porter :
- sur le motif du licenciement ;
- sur le non-respect de la procédure ;
- sur le montant des dommages et intérêts réparant le préjudice ;
- sur le côté vexatoire de la rupture ;
- sur le paiement de rémunérations, primes, gratifications, frais… dus ;

– sur le paiement d'heures supplémentaires, de congés payés non pris, de jours RTT non pris, de repos compensateurs non attribués…

Si la transaction ne respecte pas les conditions de validité, le salarié a la possibilité de faire annuler ou rescinder sa transaction.
De plus, une transaction se renfermant dans son objet, sa portée est limitée aux questions qu'elle a expressément visées. Si l'employeur ne traite que les questions sous un certain angle, le salarié pourra toujours attaquer sur le complément à 360°.

La transaction pour éviter un redressement de l'URSSAF
Il est bien évident que l'employeur a tout intérêt à ce que l'indemnité transactionnelle ne soit pas attaquable par un contrôleur de l'URSSAF qui la redresserait, avec une prescription de trois ans. C'est d'ailleurs un risque qu'il partage avec le salarié, car en cas de redressement au niveau des cotisations sociales, le salarié subirait un redressement fiscal.

E LES DEUX EFFETS JURIDIQUES D'UNE TRANSACTION

Une transaction valable a deux effets juridiques, mais entre les deux seules parties signataires seulement :

- **un effet créateur** d'un droit nouveau entre les parties : « Les transactions ont, entre les parties, l'autorité de la chose jugée en dernier ressort. » Article 2052 du Code civil.

- **un effet extinctif :** c'est-à-dire qu'elle est un obstacle à la recevabilité d'une demande ultérieure du salarié devant toute juridiction. Une transaction constitue donc une fin de non-recevoir d'une action en justice. En signant sa transaction, le salarié renonce à toute action judiciaire concernant, selon la formule consacrée, « l'exécution de la rupture du contrat de travail ».

Elle ne peut être attaquée que pour erreur de droit ou pour cause de lésion, en l'occurrence, si le salarié a été lésé, (Art 2052 : « Les transactions ont, entre les parties, l'autorité de la chose jugée en dernier ressort »).

Il y aurait obstacle à l'effet extinctif :
- si l'une des parties ne respectait pas son engagement ;
- si les deux parties substituaient une nouvelle transaction à l'ancienne ;
- si la transaction était rescindée en cas de dol (tromperie) ou de violence.

Mais à condition toutefois qu'elle soit régulière et valide.

F UNE TRANSACTION NE SAURAIT ENGAGER LES TIERS

Art. 2049 du Code civil : « Les transactions ne règlent que les différends qui s'y trouvent compris, soit que les parties aient manifesté leur intention par des expressions spéciales ou générales, soit que l'on reconnaisse cette intention par une suite nécessaire de ce qui est exprimé ».

Art. 2051: « La transaction faite par l'un des intéressés, ne lie point les autres intéressés et ne peut être opposée par eux ».

Pour prendre les exemples les plus fréquents :
- **une transaction n'a pas d'effet sur une poursuite pénale.** Même si une transaction a été signée, par laquelle les parties renoncent à tout recours, le juge peut poursuivre et condamner sur le plan pénal une infraction ou un délit.
- **une transaction ne peut engager l'ASSEDIC.** Cet organisme peut toujours demander ses droits, par exemple la contribution Delalande pour les salariés de plus de 50 ans, (et qui peut s'élever jusqu'à 12 mois de salaire), ou le remboursement des 6 premiers mois d'indemnisation au titre de l'article L. 122-14-4 du C.T., lorsque les juges des Prud'hommes ont considéré l'absence de cause réelle et sérieuse. L'employeur aurait, dans ce cas, eu intérêt à transiger avant le jugement !
- **une transaction ne peut engager la Sécurité sociale.** En effet, ce n'est pas parce que les parties ont baptisé « dommages et intérêts » ou « réparation dc préjudice » l'indemnité transactionnelle, que pour autant un contrôleur URSSAF serait obligé de suivre. S'il a des éléments prouvant qu'en réalité il s'agit de la réparation d'un préjudice financier et non purement moral, il peut opérer en tout ou partie un redressement. Il en irait de même s'il estimait que dans le montant de

l'indemnité transactionnelle, les parties ont fait passer des sommes qui auraient dues être soumises aux cotisations sociales, telles que le préavis, les congés payés, une gratification, etc.

- **une transaction ne peut engager le fisc.** (Cass. soc. 07/06/1995 RJS 9/95 n° 876 ;19/02/1997 n° 95-15.992). Pour les mêmes raisons que celles évoquées vis-à-vis de la Sécurité sociale, le fisc peut opérer un redressement.
- **une transaction ne peut engager les ayants-droit.** Par exemple un salarié licencié signe une transaction par laquelle il renonce à tout recours. Peu de temps après il décède. Rien n'empêche ses ayants-droit de demander une réparation de préjudice. « La transaction faite par l'un des intéressés ne lie point les autres intéressés et ne peut être opposée par eux ».
- **une transaction,** sauf clause expresse, **n'engage le salarié que vis-à-vis de la société nommée dans la transaction**, mais ni la maison-mère, ni ses filiales, ni la société où le salarié est détaché (Cass. soc. 03/02/1999 n° 97-40.034).

G LA TRANSACTION AVEC UN MANDATAIRE SOCIAL

Il n'est pas interdit de signer une transaction avec un mandataire social. Mais si le montant dépasse deux ans de rémunérations ou 50 % de la première tranche de l'I.S.F., l'excédent subit les charges sociales et est imposable pour le salarié.

C'est pourquoi, pour les très hauts montants, ou les conditions de départ des mandataires sociaux révocables *ad nutum* et non considérés comme salariés, donc non couverts par l'ASSEDIC, nous employons une autre formule, qui ne peut relever de la seule entreprise car elle requiert une technicité dont seulement une dizaine d'avocats en France ont l'expérience, et qui nécessite notamment l'intervention de deux avocats, d'un arbitre et de l'exequatur rendu par un Tribunal de Grande Instance.

Ce n'est plus une transaction au sens juridique, même si en fin de compte l'effet est le même.

En revanche le coût, lui, n'a rien à voir. Cette procédure est très onéreuse, mais lorsque les sommes en jeu avoisinent ou dépassent allègrement un million d'euros, ils deviennent marginaux, par rapport aux gigantesques économies pour les deux parties.

Peut-on conclure une transaction pendant le contrat de travail ?

Le présent ouvrage ne traite que de la transaction accompagnant un licenciement, voire une mise à la retraite. Mais rien n'empêche de signer une transaction en cours de contrat sans rupture de celui-ci. « Un employeur et un salarié peuvent valablement conclure une transaction destinée à mettre fin à un différend concernant l'exécution même du contrat de travail » (Cass. soc. 10/03/1998 n° 95-43.094 n°1300 P, RJS 04/98 n° 456).
Par exemple, une transaction met fin à un litige sur la qualification, la rémunération, les heures supplémentaires, etc. Tout cela est parfaitement légal si le contrat n'est pas rompu.

Qui peut rédiger une transaction ?

La rédaction d'une transaction doit être soignée, afin d'éviter tout litige ultérieur, et de minimiser les risques de redressement par l'URSSAF, le fisc...
Les avocats spécialisés en droit social se tiennent à jour d'une jurisprudence qui est de plus en plus étroite sur le sujet. Il en va de même de certains D.R.H. ou de certains juristes d'entreprise, surtout si régulièrement ils assistent à des conférences ou à des formations dispensées par des experts. L'auteur peut témoigner que nombreux sont ceux qu'ils rencontrent dans ces formations, en particulier chez Francis Lefebvre.
En revanche, il y a danger de confier de telles rédactions à des néophytes ou à ceux qui les rédigent comme on le faisait au XXe siècle !
Les « hautes transactions », sont affaires, quant à elles, de spécialistes et nous ne saurions trop recommander l'intervention d'un avocat spécialisé.

Que faire si l'employeur ne respecte pas ses engagements transactionnels ?

Le salarié peut demander la résolution de sa transaction dont les engagements n'auraient pas été respectés (Cass. soc. 13/01/1993 n° 87-43.906, 07/06/1989 n° 86-43.012).
Il y aura annulation de la transaction.

III

LES 11 CONDITIONS NÉCESSAIRES À LA VALIDITÉ D'UNE TRANSACTION

VUE D'ENSEMBLE

UNE TRANSACTION RÉGULIÈRE ET VALIDE DOIT REMPLIR 11 CONDITIONS NÉCESSAIRES, SOUS PEINE D'ÊTRE REDRESSÉE OU RESCINDÉE

- **A** — ELLE DOIT AVOIR UN OBJET CERTAIN ET LICITE
- **B** — ELLE NE PEUT INTERVENIR QU'APRÈS LA NOTIFICATION DE LA RUPTURE
- **C** — LA RUPTURE DU CONTRAT DE TRAVAIL DOIT REPOSER SUR UNE CAUSE RÉELLE ET SÉRIEUSE
- **D** — ELLE DOIT TERMINER UNE CONTESTATION NÉE
- **E** — ELLE DOIT ÊTRE RÉDIGÉE PAR ÉCRIT SUR PAPIER BLANC
- **F** — ELLE DOIT ÊTRE SIGNÉE EN TOUTE CONNAISSANCE DE CAUSE
- **G** — IL NE DOIT Y AVOIR AUCUN VICE DE CONSENTEMENT DU SALARIÉ

H — **SON CONSENTEMENT DOIT ÊTRE ÉCLAIRÉ, ET L'EMPLOYEUR A L'OBLIGATION DE LUI FOURNIR DES RENSEIGNEMENTS COMPLETS ET PRÉCIS**

I — **ELLE DOIT COMPORTER IMPÉRATIVEMENT DES CONCESSIONS RÉCIPROQUES**

J — **LE SALARIÉ NE PEUT RENONCER À UN DROIT NON ENCORE NÉ**

K — **L'INDEMNITÉ TRANSACTIONNELLE NE PEUT RÉPARER QU'UN PRÉJUDICE MORAL, JAMAIS FINANCIER**

POUR PLUS DE DÉTAILS

A ELLE DOIT AVOIR UN OBJET CERTAIN ET LICITE

Pas de détournement des règles relatives à la rupture du contrat
Si la convention transactionnelle ne vise qu'à faire échec à certaines règles relatives à la rupture du contrat de travail qui sont d'ordre public, elles sont annulées et redressées (Cass. soc. 18/06/1996 n° 92-44.729, n° 2845 P, RJS 10/96 n° 1045, où l'employeur avait qualifié de période d'essai renouvelée la courte période après la limite maximale de l'essai fixée par la convention collective. Nul ne peut échapper à la loi !)

Pas de contradiction entre les différentes clauses de la transaction
Il ne doit pas y avoir de contradiction entre les différentes clauses de la transaction (Cass. soc. 18/05/1999 n° 97-40.439, n° 2266 P, où la transaction selon son article 2 était « une obligation de reclassement par un emploi de quelque nature que ce soit », et selon son article 3, « un emploi de même nature ». La Cour en déduit « l'existence d'une contradiction entre les deux dispositions précitées »).

Pas de licenciement de complaisance
Par exemple dans un arrêt (Cass. soc. 15/07/1998 n° 96-40878 p), il a été statué : « Vu les articles 1131 et 1133 du Code civil et le principe selon lequel la fraude corrompt tout... » En fait le Chef du personnel avait, après un licenciement économique de complaisance obtenu pour bénéficier de la préretraite, signé une transaction par laquelle il renonçait à tout recours. Une fois l'opération effective, il a osé attaquer son employeur pour licenciement sans cause réelle et sérieuse en demandant son indemnité de licenciement et des dommages-intérêts pour licenciement abusif. Certes, il a gagné en droit, mais il devrait avoir du mal à se regarder dans une glace, car une telle manœuvre ne l'honore pas et nuit à sa profession. Comme quoi l'employeur a toujours intérêt à se méfier de tous, et aussi de ses Directeurs ou Chef du Personnel !

Pas de fraude à la loi
Si les contrôleurs de l'URSSAF ou fiscaux, ou les juges estiment que le véritable objet de la transaction est une fraude quelconque à la loi, le risque est son annulation, en plus du risque pénal.

Pas de camouflage pour faire échapper certaines sommes aux cotisations et à l'impôt
La transaction ne peut, naturellement, avoir pour véritable objet de faire échapper certaines sommes aux cotisations sociales et à l'impôt sur le revenu.

Pas d'erreur sur l'objet de la contestation
Les cas d'erreur sur l'objet de la contestation sont fort rares. Citons un arrêt (Cass. soc. 24/11/1998 n° 95-43.523), où les parties, de bonne foi, pensaient que seule l'indemnité légale de licenciement était due, alors que le salarié avait quand même droit à une petite indemnité conventionnelle. Dès lors, la validité de la transaction s'en est trouvée affectée.

Pas d'objet illicite
Citons un arrêt célèbre et scabreux où les juges ont annulé une transaction « qui n'avait en réalité pour objet que d'entretenir une liaison adultère » !

Pas de renonciation à un droit conventionnel
« Attendu qu'un salarié ne peut valablement renoncer, pendant la durée du contrat de travail, aux droits qu'il tient d'une convention ou d'un accord collectif... » En fait, son employeur l'avait engagé avec une reprise d'ancienneté professionnelle, et ce salarié y avait renoncé pour le calcul de son indemnité de licenciement. Les juges ont naturellement obligé l'employeur à respecter le contrat initial (Cass. soc. 16/11/1999 n° 97-43.853).

Une transaction ne peut être contraire à l'ordre public
Ayant principalement pour objectif de protéger le salarié, la législation du travail s'analyse comme un minimum auquel nul ne peut renoncer, ni par convention collective, ni par contrat, ni par transaction. Accords, contrats, conventions, transactions, ne peuvent s'appliquer que s'ils sont plus favorables au salarié. Les juristes disent que la législation sociale est d'ordre public. C'est en application de cet ordre public, qu'une transaction ne peut être conclue avec un salarié protégé avant l'autorisation administrative de licenciement, puis la lettre de licenciement.

B ELLE NE PEUT INTERVENIR QU'APRÈS LA NOTIFICATION DE LA RUPTURE

Elle peut intervenir à tout moment, mais uniquement lorsque la rupture a été notifiée, et est donc définitive, (Cass. soc. 29/05/1996. RJS 6/96 p. 417

et 7/96 n° 789 ; 19/11/1996 n° 93-41.475 P ; 15/01/1997 n° 125 P, RJS 2/97, n°141 ; 12/11/1997 n° 94-44.508 P ; 19/04/2000 n° 98-40.348 ; 28/05/2002 n° 99-43.852 P+B ; 28/05/2002, n ° 1881 P+B, RJS 09/02 n° 969 et 970 P + B).
Elle peut être conclue pendant une instance prud'homale, naturellement pendant une conciliation (dont c'est l'objet même), mais y compris lors d'une séance de jugement, ou avant ou pendant un appel.
Une transaction conclue après la saisine prud'homale, entraîne désistement de l'affaire (Cass. soc. 4/03/1992 n° 88-44.543).
« Une transaction ne peut être valablement conclue qu'une fois la rupture du contrat de travail intervenue et devenue définitive par la réception, par la salariée, de la lettre de licenciement dans les conditions prévues à l'article L.122-14-1 du Code du Travail » (Cass. soc. 29/05/1996 n°92-45.115 ; 16/07/1997 n° 95-44.074 PB RJS 10/97 n°1089 pour une transaction signée le jour de l'entretien préalable ; 02/12/1997 n°4534 RJS 1/98 n° 321 ; 06/05/1998 n°2250 P, Bull. civ. V p.178, n° 236).
Bref, les juges annulent systématiquement toute transaction conclue avant la réception de la notification de la rupture du contrat de travail, (Cass. soc. 28/05/2002 n° 99-43.852 P+B ; 10/07/2002 n° 00-40.301), car le salarié est encore sous la subordination de l'employeur. C'est une nullité de la transaction, édictée dans un souci de protection du salarié.
L'article L. 122-14-7 du C.T. interdit en effet de renoncer par avance au droit du licenciement, mais selon la Cour de cassation, seul le salarié peut invoquer cette nullité de la transaction intervenue avant la notification de la rupture du contrat de travail.

L'article L. 122-14-1 précise :

- « L'employeur qui décide de licencier un salarié doit notifier le licenciement par lettre recommandée avec demande d'avis de réception ; la date de présentation de la lettre recommandée fixe le point de départ du délai-congé. » (Le terme de délai-congé tombe en désuétude et est remplacé par préavis.)
- « Cette lettre ne peut être expédiée moins d'un jour franc après la date pour laquelle le salarié a été convoqué en application de l'article L. 122-14. »
- « Toutefois si le salarié est licencié individuellement pour un motif d'ordre économique, ou s'il est inclus dans un licenciement collectif concernant moins de 10 salariés dans une même période de 30 jours, la lettre prévue au premier alinéa du présent article ne peut lui être adressée moins de sept jours à compter de la date pour laquelle le salarié a été convoqué en application de l'article L.122-14. » (Il s'agit de la convocation à l'entretien préalable.)

- « Ce délai est de quinze jours en cas de licenciement individuel d'un membre du personnel d'encadrement tel que défini au 3e alinéa de l'article L. 513-1. »
- « En l'absence d'institutions représentatives du personnel dans l'entreprise, les délais visés à l'alinéa précédent sont respectivement de 4 jours et de 12 jours. »
- « Les dispositions des deux alinéas précédents ne sont pas applicables en cas de redressement ou de liquidation judiciaires. »
- « En cas de licenciement collectif pour motif économique concernant au moins 10 salariés dans une même période de 30 jours... » Ce cas concerne extrêmement rarement les transactions, contrairement aux cas précédents.

L'article L. 513-1 du C.T. est relatif à l'électorat aux élections des Délégués du Personnel ou du Comité d'entreprise. Le 3e alinéa précise ceux qui votent dans la section encadrement :
- certes, les cadres au sens de la convention collective, et les V.R.P.,
- mais, et c'est un piège, « les agents de maîtrise qui ont une délégation écrite de commandement par délégation de l'employeur. »

La forme recommandée

Jusqu'ici, la jurisprudence considère que la lettre recommandée avec A.R. n'est pas une formalité substantielle. Naturellement, la solution la plus sûre est l'envoi en RAR par La Poste.
Toutefois il peut arriver que le salarié ne souhaite surtout pas que cet envoi soit fait à son domicile, de peur d'affoler sa famille.
Dans ce cas, nous conseillons de mentionner clairement sur la lettre de licenciement : « Nous vous remettons la présente en main propre contre récépissé, à votre demande expresse, afin de ne pas inquiéter votre famille, à qui vous voulez annoncer vous-même en temps opportun la rupture de votre contrat de travail. »

La transaction conclue avant la notification du licenciement est nulle

La transaction conclue avant la notification du licenciement est nulle depuis un arrêt de 1996 précité, toujours confirmé depuis, alors qu'avant, était acceptée la transaction signée lors de l'entretien préalable. (Cass. soc. 12/11/1997. n°94-44.507 ; 13/01/1998 n° 97-40.020 ; Cass. soc. 18/05/1999 n° 2268 D, RJS 10/99 ; Cass. soc. 21/03/2000 ; Cass. soc. 25/04/2001 n° 1672).
Cette position assez récente se fonde sur le fait qu'une transaction ne peut qu'avoir pour objet de régler les conséquences d'une rupture notifiée (Cass. soc. 15/01/1997 n° 93-44.010 ; Cass. soc. 26/10/1999 n° 97-42.846 n°3793

P). En revanche, rien n'interdit de conclure une transaction pendant le préavis.

Mais c'est une nullité relative, qui ne peut profiter qu'au salarié
En effet, seul le salarié peut l'invoquer, car elle a été instituée dans son intérêt. L'employeur ne saurait en bénéficier, car nul ne peut invoquer ses propres turpitudes. (Cass. soc. 28/05/2002, 99-43.852, n° 1881 P+B).

Une transaction portant la même date que la lettre de licenciement est nulle
La jurisprudence est constante (Cass. soc. 18/05/1999 n° 97-40.686, RJS 10/99 n° 1251), et il ne faut pas seulement que le licenciement ait été prononcé au moins un jour franc après l'entretien préalable, mais il faut aussi que le salarié ait eu le temps de la réflexion. En pratique, nous conseillons au moins une petite semaine entre la date de réception de la lettre de licenciement et la date de signature de la transaction.

C LA RUPTURE DU CONTRAT DE TRAVAIL DOIT REPOSER SUR UNE CAUSE RÉELLE ET SÉRIEUSE

Si elle fait suite à un licenciement, celui-ci doit reposer sur des motifs réels pouvant justifier une rupture
La Cour de cassation rappellait naguère que si elle n'avait pas « à se prononcer sur la réalité et le sérieux des motifs invoqués à l'appui de ce licenciement », il lui appartenait « néanmoins de vérifier l'existence de tels motifs, à défaut desquels le licenciement est nécessairement réputé sans cause réelle et sérieuse avec les conséquences pécuniaires qui en résultent au profit du salarié. » (Cass. soc. 27/02/1996. RJS 4/96 n° 508 ; 13/10/1999, n° 97-42.027, n° 3511 P).

Mais, accentuant sa pression et son contrôle, dans une série d'arrêts, la Cour de cassation reconnaît aux juges du fond (en appel), appelés à statuer sur la validité d'une transaction réglant les conséquences d'un licenciement, la possibilité d'apprécier le bien-fondé dc la qualification de la faute retenue, et de modifier la qualification juridique donnée aux faits par les parties.

- Dans un arrêt du 27/03/1996. (RJS 5/96 n° 541), le Directeur avait été licencié pour faute grave, et le lendemain, les parties signaient une

transaction au terme de laquelle l'employeur renonçait à se prévaloir de la faute grave et versait préavis et congés payés. L'employeur fut condamné à payer l'indemnité de licenciement, les juges reconnaissant la cause réelle et sérieuse de licenciement, mais pas la faute grave qui en l'espèce reposait sur l'incompétence invoquée. Or, une incompétence ou une insuffisance professionnelle si elles peuvent justifier un licenciement, ne peuvent être considérées comme des fautes graves.
– Dans un même sens, l'arrêt de la Cour de cassation (n°1 623 P+B du 06/04/1999 RJS 5/99 n° 662) et l'arrêt du 13/10/1999 (n° 97-42.027) mettent les points sur les « i » en précisant que si la lettre de licenciement n'est pas motivée, le licenciement est considéré comme abusif, et rend donc nulle la transaction prévoyant une indemnité inférieure à six mois, faute de concession de l'employeur.
– Dans un autre arrêt il a été statué que « l'imprécision du motif équivaut à une absence de motif ». La perspective d'une transaction, voire l'accord préalable entre les parties, ne permet pas à l'employeur d'alléger le motif du licenciement, qui ne peut reposer que sur une cause réelle et sérieuse pouvant justifier la rupture du contrat. (Cass. soc. 23/01/2001 n° 98-992 P+B).
– Par un arrêt célèbre, il a été rappelé que les juges doivent s'assurer du motif réel et sérieux invoqué dans la lettre de licenciement, et qu'à défaut, ceci équivaudrait à absence de motif emportant l'illégitimité du licenciement, et par là même de la transaction l'ayant suivi. (Cass. soc. 23/01/2001 N° 98-41.992 P+B).
– Dans un autre arrêt en revanche, la lettre de licenciement invoquant, pour faute grave, une supercherie et un comportement générant une désorganisation complète du service, a été reconnue comme justifiant largement la faute grave (Cass. soc. 18/12/2001 n° 99-40.649, n°5306 P).

C'est seulement si la faute grave invoquée dans la lettre de licenciement est conforme aux exigences de l'article L.122-14-2 du C.T. que l'employeur est dispensé du paiement :
– de l'indemnité de licenciement ;
– de l'indemnité compensatrice de préavis ;
– et surtout de la contribution Delalande des plus de 50 ans.

Il convient donc désormais, de parfaitement motiver la lettre de licenciement, et ne plus se limiter à de vagues « divergences de vues ».

D ELLE DOIT TERMINER UNE CONTESTATION NÉE

Elle doit terminer une contestation née ou prévenir une contestation à naître

Bref, il faut un désaccord ou un différend préalable.
Il convient désormais de rappeler clairement dans la transaction, les éléments de la contestation et de les chiffrer. Nous ne pouvons que recommander ce chiffrage des positions initiales des parties en début de négociation. Éventuellement, il faut les imaginer.
Naturellement, l'existence d'un litige est certaine si le salarié a déjà saisi le Conseil des Prud'hommes compétent.

En l'absence de différend, il ne peut s'agir d'une transaction

Les juges estiment qu'en l'absence de différend clairement exposé, il s'agit en fait d'une rupture d'un commun accord, au sens de l'article 1134 et non d'une transaction. (Cass. soc. 05/05/1965 n° 63-40.772). À défaut de litige, une transaction est déclarée sans cause (Cass. soc. 19/06/1968 n° 67-40.269). Dans ce cas, les redressements sociaux et fiscaux sont à craindre.

Il n'est nullement besoin que le litige ait été préalablement porté devant les Prud'hommes

Cette saisine du Conseil des Prud'hommes compétent ne nuit pas, car on peut toujours transiger en cours d'instance contentieuse, à quelque niveau que l'on se place (avant ou après la conciliation, avant ou après le jugement prud'homal, avant ou après un jugement en appel) (Cass. soc. 02/12/1997 n° 4535 PF, RJS 1/98 n° 32). Cette saisine est parfois utile pour avoir la preuve d'une nette contestation. Après la signature de la transaction, il convient de ne pas oublier d'écrire au Conseil une lettre de désistement précisant que les parties sont parvenues à une conciliation et ont signé une convention transactionnelle.

Pour la doctrine, il « suffit qu'un conflit d'intérêts oppose deux parties et que chacune ait la possibilité de faire valoir sa prétention par le moyen d'une action en justice pour qu'une transaction soit possible ». Dès lors, pour cette conception civiliste de la transaction, elle peut être conclue à n'importe quel moment, dans la mesure où elle prévient ou termine un litige par l'octroi de concessions réciproques.

E ELLE DOIT ÊTRE RÉDIGÉE PAR ÉCRIT SUR PAPIER BLANC

Elle doit être rédigée par écrit sur du papier blanc et non sur du papier à en-tête.
En effet, l'article 2044 du Code civil précise que « la transaction est un contrat qui doit être rédigé par écrit ». Et si d'anciennes jurisprudences ayant plusieurs décennies validaient des transactions orales, depuis longtemps, une transaction doit être écrite. D'ailleurs le Nouveau Code de Procédure Civile (NCPC) précise également que « ce contrat doit être rédigé par écrit ».

- chaque page doit être paraphée ;
- la dernière page doit clairement consigner l'approbation par les deux parties avec au moins la mention manuscrite « lu et approuvé » suivie de la signature des parties ;
- elle doit être rédigée en français et une traduction en sa langue pourrait être demandé par un étranger. Rappelons que l'article L. 121-1 du Code du Travail impose l'usage du français dans le contrat de travail, ses avenants, et naturellement les actes mettant fin au contrat ;
- le nombre d'exemplaires doit être mentionné à la fin de la transaction.

Une corédaction
Si l'on veut soutenir ultérieurement qu'un accord a été « librement débattu », (Cass. soc. 27/10/1981 n° 79-42.256), il est nécessaire que la transaction soit établie sur papier blanc et que la société ne se contente pas, par facilité, d'employer un modèle standardisé, sur lequel le salarié n'a plus qu'à apposer sa signature. L'auteur de ce livre l'a maintes fois constaté.
Comme dans le cadre d'une transaction négociée, l'employeur ou son avocat sont amenés à établir un premier projet, puis à apporter des corrections ultérieures (on peut numéroter les différents projets, ne serait-ce que pour s'y retrouver). Voilà en plus une preuve que la convention transactionnelle a été négociée, si l'exemplaire signé est le projet n° 4, 5 ou 8 !

Le mandat du salarié à un tiers
Toutefois le salarié peut mandater formellement un avocat ou un tiers pour signer à sa place. Naturellement, le mandat doit être régulier et il est obligatoire, même pour un avocat.
Il convient de l'annexer à la transaction.

Mandat

Je soussigné................., né le .... à ....demeurant...............................

Donne pouvoir et mandat à Maître ...., avocat au barreau du département : ....,
ayant son Cabinet établi au ....

Pour me représenter, transiger et signer tout acte relatif ou consécutif à la rupture de mon contrat de travail avec la société....., et recevoir tout chèque à mon ordre ou à celui de son compte de consignation des avocats : CARPA.

Fait à ...., le..

Mention manuscrite du mandataire :	*Mention manuscrite du mandant :*
« BON POUR ACCEPTATION DE POUVOIR »	« BON POUR POUVOIR »
Signature	*Signature*

F ELLE DOIT ÊTRE SIGNÉE EN TOUTE CONNAISSANCE DE CAUSE

Elle doit être signée en toute connaissance de cause
Le salarié ayant eu le temps de réflexion suffisant pour avoir pu apprécier l'étendue de son engagement et pris les conseils suffisants. Une transaction signée le jour même de la remise en main propre de la lettre de licenciement qui n'a pas été envoyée en RAR n'est donc pas valable (Cass. soc. 05/10/1999 n° 97-43.233).

Une approbation sans réserve
Dans cette affaire, le salarié avait signé sa transaction avec la formule manuscrite : « Lu et approuvé, bon pour acte transactionnel sous réserve de mes droits ». Bien que s'étant engagé par sa transaction à renoncer à tous recours, une fois l'argent perçu, il a attaqué. La Cour a jugé que cette mention était exclusive de l'accord du salarié (Cass. soc. 11/02/1997 n° 94-45.431).

Une transaction signée par un adulte n'ayant plus toutes ses facultés mentales lors de la signature peut entraîner l'annulation de celle-ci, (Code civil, art.489).
Dans un arrêt (Cass. soc. 18/06/1996 n° 94-43.749), la cassation précise :

« La Cour d'appel a constaté qu'il résultait des certificats médicaux produits lors de la signature de la transaction, à l'hôpital, le surlendemain de l'intervention chirurgicale qu'elle avait subie, Melle E… n'était pas apte à prendre une décision. Elle a ainsi caractérisé l'absence de libre consentement. »

Une transaction signée avec un étranger ou un illettré qui comprendrait mal le français risquerait d'être contestée (Cour d'appel de Paris 13/03/1984, ou Cass. soc. 14/01/1997 n° 95-40.287 pour des salariés marocains ne comprenant pas le français écrit, ou 15/10/1997 n° 94-45.609).
Tel est aussi le cas d'une transaction par un mineur non-émancipé (Code civil art. 389.3, 491-2 et 510).

Il en va de même pour un salarié indisponible pour signer (hospitalisation, expatrié...).
Dans ces cas-là, le salarié peut mandater un tiers (avocat, délégué, membre de sa famille.), mais il faut que l'intéressé ait rédigé un mandat en, bonne et due forme, même si c'est un avocat (Cass. soc. 14/12/1995 n° 92-44.496).

G — IL NE DOIT Y AVOIR AUCUN VICE DE CONSENTEMENT DU SALARIÉ

Il ne faut pas qu'il y ait de vice du consentement
Si l'erreur sur la personne est difficilement imaginable pour un salarié, tel n'est pas le cas d'autres vices du consentement, tels le dol ou la violence.
« Il n'y a point de consentement valable, si le consentement n'a été donné que par erreur ou s'il a été extorqué par violence ou surpris par dol » (Art. 1109 du Code civil).

L'erreur sur la personne
Il est difficile d'imaginer une erreur sur la personne ayant signé une transaction. En revanche il arrive qu'il y ait erreur sur l'identité de l'employeur, surtout dans les groupes, dans le cas où le salarié exerçait son activité pour plusieurs sociétés d'un même groupe, dans le cas d'une reprise d'activité ou de société au titre de l'article L. 122-12 du C.T. (Cass. soc. 24/11/1998 n° 95-43.523 P+B).

Le dol (la tromperie) de l'employeur
Le dol, ou tromperie dans le langage d'un non-juriste, est défini par l'article 116 du Code civil. Il suppose des manœuvres, artifices, sans lesquels l'autre

partie n'aurait pas contracté (Cass. soc. 19/03/1980 n° 78-40.213) :

- constitue une manœuvre dolosive, cause de nullité d'une transaction, le cas fréquent où l'employeur avait promis que l'indemnité de rupture serait non-imposable, alors qu'elle le fut partiellement (Cass. soc. 07/05/1995, n° 2485 P, RJS 9/95 n° 888). En cas de redressement fiscal, il y a tromperie ;
- tel est également le cas fréquent où l'employeur s'est trompé (ou a trompé sciemment le salarié), en établissant un calcul qui s'avérera erroné des allocations ASSEDIC. Naturellement, il peut y avoir tromperie quand en définitive le régime d'allocations change, même si ce dol est involontaire. Tel est également le cas, lorsque l'employeur a oublié de tenir compte des délais de carence ou des différés d'indemnisation de l'ASSEDIC (Cass. soc. 17/12/1086 n° 85-10.341)... Ces cas sont assimilés à des manœuvres dolosives et peuvent entraîner l'annulation pure et simple de la transaction. De façon désormais constante, s'ils n'annulent pas purement et simplement la transaction, les juges considèrent que l'employeur commet une faute ouvrant droit à réparation du préjudice causé au salarié, lorsque la transaction a été signée compte tenu d'une information erronée donnée par l'employeur (Cass. soc. 07/06/1995 n° 91-44.294, n° 2485 P, RJS 9/95 n°888). C'est d'ailleurs plutôt sur le terrain de la réparation du préjudice pour vice du consentement que l'avocat du salarié se placera. Citons également ce cas où, après avoir signé une transaction, l'employeur a multiplié les atermoiements, présenté des calculs confus et exigé de son salarié un accord immédiat (Cass. soc. 19/03/1980) ;
- tel est enfin le cas où l'employeur ne respecte pas ses engagements après la signature de la transaction. Dans ce cas, les juges ont tendance à annuler celle-ci (C.A. Grenoble, chambre sociale 02/04/1990).

Il est à remarquer que les Tribunaux se montrent d'autant plus réticents à admettre le dol de l'employeur, que le salarié est un cadre de haut niveau, un juriste ou le membre d'une D.R.H.
C'est au salarié de prouver que son consentement a été altéré, (Cass. Soc. 13/11/1986 n° 84-40.193).

Le dol du salarié

Il pourrait y avoir eu dol du salarié en cas de gros mensonges de sa part, sans lesquels il a semblé évident aux juges que «sans ces mensonges, il est évident que l'employeur n'aurait pas signé la transaction », (Cass. soc. 12/02/1997 n° 680 P, RJS 3/97 n° 278).

La violence

« Il y a violence, lorsqu'elle est de nature à faire impression sur une personne raisonnable, et qu'elle peut inspirer la crainte d'exposer sa personne ou sa fortune à un mal considérable et présent. On a égard, en cette matière, à l'âge, au sexe et à la condition des personnes » (Art. 1112 du Code civil).
Il y a « violence » s'il est prouvé que le salarié a été l'objet de pressions telles, que probablement sans celles-ci il n'aurait pas signé. Tel est le cas de cette salariée sortie « manifestement traumatisée » de l'entretien (Cass. soc. 28/10/1997 n° 94-44.916) ou celui de ce salarié qui a été l'objet d'un tel climat de pressions, que les juges ont retenu le viol du consentement et annulé la transaction (Cass. soc. 08/03/1995 n° 93-41.699).
Pour un autre exemple de violence vis-à-vis d'un gérant, également directeur commercial, la transaction a été déclarée nulle par la C. A. de Versailles le 24/10/1991 (RJS 1/92 n° 106).

L'erreur de droit ou la lésion

L'article 2052 du Code civil précise qu'une transaction ne peut être attaquée pour erreur de droit ou lésion.
La lésion qui ne serait imaginable qu'à l'encontre du salarié, implique qu'il y ait un préjudice pour le salarié, qui résulterait de la différence entre ses concessions et les prestations de l'employeur. En fait, comment les peser ? Les juges s'y refusent estimant qu'ils n'ont aucun pouvoir d'appréciation, (Cass. soc. 13/05/1992 n° 89-40.844), mais ils veulent qu'elles soient « appréciables ».

H — SON CONSENTEMENT DOIT ÊTRE ECLAIRÉ ET L'EMPLOYEUR A L'OBLIGATION DE LUI FOURNIR DES RENSEIGNEMENTS COMPLETS ET PRÉCIS

Un consentement éclairé, l'obligation de renseignement par l'employeur

Un certain nombre d'arrêts ont condamné l'employeur à réparer le préjudice subi par le salarié ayant signé une transaction, au motif que la société n'avait pas exécutée de bonne foi son obligation de renseignement (Cass. soc. 10/10/1996 n° 94-20.161 P+B).

Ces renseignements doivent être donnés de bonne foi
L'employeur est souvent condamné lorsqu'il a livré des renseignements qui s'avéreront erronés (exonération fiscale, montant de l'indemnisation ASSEDIC, oubli de préciser les délais de carence ou les différés d'indemnisation par l'ASSEDIC...), d'autant plus que ces informations fausses ou omises volontairement, l'auraient été intentionnellement. (Cass. soc. 15/04/1996 n° 92-44.286).

Nous conseillons à l'employeur de bien renseigner le salarié, d'être prudent, en précisant que ce ne sont que les règles actuellement connues, car elles peuvent changer (fisc, ASSEDIC...). Certains confient cette mission, ainsi que la rédaction de la transaction à un avocat. C'est ce dernier qui dès lors endosserait la responsabilité.

I — ELLE DOIT COMPORTER IMPÉRATIVEMENT DES CONCESSIONS RÉCIPROQUES

Cette existence de concessions réciproques doit s'apprécier en fonction des prétentions initiales des parties (Cass. soc. 11/11/1994 n° 90-46.017 ; 27/03/1996 n° 92-40.448). D'où l'intérêt de les préciserr dans l'acte transactionnel.

Elle doit comporter impérativement des concessions réciproques en particulier de la part de l'employeur
La Cour de cassation y veille et accentue les exigences à cet égard depuis l'arrêt du 19/12/1990 (RJS 5/91 n° 575). De façon constante depuis 1990, elle rappelle que « l'existence de concessions réciproques, qui conditionne – quelle que soit l'importance desdites concessions – la validité d'une transaction, doit s'apprécier en fonction des prétentions des parties au moment de la signature de l'acte ».
Citons cet arrêt du 06/03/1996 où a été prononcée la nullité d'une transaction au motif que « le paiement d'une indemnité globale et forfaitaire... stipulé par la transaction ne constituait pas une véritable concession de la part de l'employeur » (RJS 06/96 p. 411).

La Cour de cassation impose désormais aux juges de vérifier l'existence de concessions réciproques, eu égard à l'ancienneté du salarié et à sa rémunération, et il faut que les concessions de l'employeur soit jugées « suffisantes » (Cass. soc. 23/01/2001 n° 98-992 P+B). En l'absence de concessions insuffisantes de l'employeur, la transaction est nulle (Cass. soc. 28/11/2000 n° 98-43.635 P).

L'exigence de concessions réciproques appréciables

Ceci suppose que l'accord transactionnel, fasse ressortir :

- les concessions réciproques ;
- mais également les « prétentions initiales des parties au moment de la signature de l'acte » afin de conforter la réalité des concessions (Cass. soc. 27/03/1996 n° 96-43.467).

Par exemple, il n'y a pas de concessions réciproques lorsque les indemnités versées au salarié en exécution d'une transaction :

- correspondent à ses droits (Cass. soc. 06/12/1994, 18/02/1998 n° 859, RJS 4/98 n° 457) ;
- ou sont dérisoires (Cass. soc. 6/03/1996 ; Cass. soc. 5/01/1994 n° 5 P, RJS 2/94 n° 148 pour une indemnité jugée « dérisoire » de deux mois de salaires en contrepartie de l'acceptation d'une clause de non-concurrence, ou dans l'arrêt du 3/11/1998 n° 96-42.510 où la concession de l'employeur avait été de ne régler au salarié qu'une indemnité forfaitaire dérisoire de 996 francs). Dans les cas où la concession de l'employeur n'avait consisté qu'à libérer le salarié de son préavis, sans même le lui payer... (C.A. Aix 23/02/1993, RJS 6/93 n° 695 ; Cass. soc. 04/11/1993 n° 3519, ou 23/04/1997 n° 94-40.349).
- le simple fait de dispenser le salarié d'exécuter son préavis, ne peut être considéré comme une concession suffisante (Cass. soc. 23/04/1997 n° 94-40.349), d'autant plus que dans le cas d'espèce, le préavis n'avait pas été rémunéré !
- dans le même sens, accorder 914 euros ne constitue pas une véritable concession (Cass. soc. 18/05/1999 n° 96-44.628). La somme de 5.000 francs a également été jugé dérisoire (Cass. soc 28/11/2000 n° 98-43.635).

En revanche, il n'est pas nécessaire que les concessions soient d'importance égale.

Par un arrêt de principe du 13/10/1999, (pourvoi n° 97-42.027, arrêt 3511 P), la Cour de cassation précise sa position, en cassant l'arrêt de la Cour d'appel de Limoges qui avait refusé l'annulation d'une transaction d'un directeur d'agence licencié par une lettre portant la mention manuscrite « reçu en main propre » et qui avait signé le même jour une transaction égale à trois mois de salaires. La Cour d'appel a considéré que le fait pour l'employeur de ne pas invoquer les fautes graves du salarié dans la lettre de licenciement pouvait être considéré comme une concession suffisante. Mais la Haute Cour a jugé ainsi :

« Qu'en statuant comme elle l'a fait, alors que :

- d'une part, à défaut de motivation dans la lettre de rupture, le licenciement était sans cause réelle et sérieuse,
- et alors que, d'autre part, l'indemnité transactionnelle était inférieure à l'indemnité minimale de six mois de salaire prévue par l'article L. 122.14.4 du C.T. il résultait que la transaction était nulle faute de concession de l'employeur... »

L'employeur a pris un risque audacieux en faisant confiance en la signature d'un salarié ayant commis des fautes graves et qui par sa transaction renonçait à tout recours. La non-énonciation de motifs suffisants dans une lettre de licenciement équivalant à l'absence de motifs, ceci emporte l'illégitimité du licenciement comme l'a décidé à de multiples reprises la Cour de cassation (Cass. soc. 02/12/1997 n° 95-42.008, 05/10/1999 n° 95-42.500), même si la lettre de licenciement fait référence aux motifs invoqués dans la lettre de convocation à l'entretien préalable (Cass. soc. 27/12/1998 JSL n° 27-2, 05/01/1999).

Dans plusieurs affaires l'employeur avait invoqué la faute grave, probablement pour éviter le paiement des 2 à 12 mois de l'indemnité Delalande et le préavis soumis aux charges sociales, mais la justifiant par la seule insuffisance des résultats. Or si ce motif peut constituer une cause réelle et sérieuse de licenciement, en aucune façon il ne peut être qualifié de faute grave privative du préavis et de l'indemnité de licenciement. Les transactions sont alors systématiquement annulées (Cass. soc. 15/12/1993 PB n° 1623, RJS 5/99 n° 662, 23/01/2001 P+B, n° 248 RJS 4/01).

En revanche, si le juge peut annuler une transaction, il n'a pas le pouvoir de substituer sa propre appréciation à celle des parties (Cass. soc. 21/05/1997 n° 95-45.038 P). Le juge ne dispose pas à l'égard de la transaction, de ce que l'on pourrait appeler un pouvoir de révision, il doit apprécier les concessions de l'employeur eu égard :

- aux fautes que le salarié reconnaît avoir commises (Cass. soc. 15/06/2000 n° 98-41.422) ;
- aux motifs du licenciement (Cass. soc 23/01/2001 n° 98-41.992) ;
- au bien-fondé du motif invoqué pour le licenciement (Cass. soc. 06/04/1999 n° 96-43.467 P+B) ;
- à l'importance relative des concessions réciproques (Cass. soc. 13/05/1992 n° 89-40.844) ;

– au caractère certain des concessions de l'employeur (Cass. soc 28/01/1998 n° 95-45.029 où l'employeur s'était contenté de vagues promesses).

J LE SALARIÉ NE PEUT RENONCER À UN DROIT NON ENCORE NÉ

La transaction ne peut avoir pour effet une renonciation par un salarié à un droit qu'il tient :
- des dispositions d'ordre public ou de la convention collective applicable ;
- ou d'un droit non encore né (Cass. soc. 1/06/1999 n° 96-44.955).

En effet, le Code du travail (Art. L.122-14-7) interdit de renoncer aux dispositions d'ordre public régissant la rupture du contrat de travail : « Toute convention contraire est nulle de plein droit » :
- une salariée, femme de ménage, avait par transaction renoncé à l'application de la convention des banques dont dépendait le Crédit Foncier. Cet acte fut purement annulé, au motif que « nul ne peut renoncer à un droit, et que toute disposition contraire est nulle de plein droit ». (Cass. soc. 09/12/1998 n° 96-41.941, n° 5142 D) ;
- tel est le cas également pour un salarié licencié pour motif économique à qui l'employeur demanderait de renoncer à sa priorité de réembauchage (Cass. soc. 29/09/2000 n° 4745 RJS 2/01 n°195) ;
- tel est le cas enfin pour un salarié protégé qui renoncerait à sa protection en démissionnant de ses mandats, alors que la loi le protège encore 6 à 12 mois, selon les cas, après cette démission (Cass. crim. 04/02/1992 n° 90-82.330 RJS 10/92 n°1129 ; Cass. soc. 10/01/1995 n° 195 D, RJS 2/95 n° 137). De plus, l'employeur peut alors être poursuivi pour délit d'entrave en raison de l'atteinte portée à la protection des représentants du personnel (Cass. crim. 04/02/1992 n° 90-82.330 PF, RJS 10/92 n° 1129, 2/12/1992 n° 4311 PF, RJS 1/93 n° 53, Bull. civ. V n° 578).

K L'INDEMNITÉ TRANSACTIONNELLE NE PEUT RÉPARER QU'UN PRÉJUDICE MORAL, JAMAIS FINANCIER

Les sommes attribuées en « indemnité transactionnelle », ne peuvent réparer un préjudice financier
Sinon, la Sécurité sociale opérerait un redressement et tout ou partie de l'indemnité transactionnelle deviendrait alors non seulement soumise aux charges sociales, mais également pour le salarié à l'I.R.P.P.

Ces sommes doivent réparer uniquement un préjudice moral
C'est à ce seul titre qu'elles sont exemptées de cotisations sociales et d'impôt sur le revenu (I.R.P.P.) Le piège est fréquent, car souvent il est en pratique bien tenu compte du préjudice financier du salarié licencié. Simplement, il ne faut pas l'écrire dans l'acte transactionnel, ni en laisser la preuve dans le dossier de l'intéressé.

QUESTIONS / RÉPONSES

Peut-on rompre un CDD par transaction ?

Non, la forme de rupture est l'accord négocié au sens de l'article 1134, (Cass. soc. 16/05/2000 n° 98-40.238 P+B).

Pourquoi l'encaissement de l'indemnité transactionnelle ne fait-elle pas obstacle à la contestation judiciaire de la transaction ?

Un arrêt répond clairement à cette question : « Attendu que l'encaissement, par le salarié de deux chèques représentant le montant total des indemnités transactionnelles, n'est pas de nature à lui seul à caractériser une volonté claire et non équivoque du salarié de renoncer à contester la validité de ladite transaction… » (Cass. soc . 09/05/2001 n° 98-44.579).

Lorsqu'une transaction se négocie non entre les parties, mais entre les représentants de ces parties, avocats la plupart du temps, ceux-ci concrétisent leur accord final par un échange de correspondances. L'employeur peut-il revenir sur l'accord donné à son avocat ?

Non, répond la jurisprudence. La Cour de cassation a jugé que la Cour d'appel « ayant relevé que le conseil de l'employeur avait transmis, au nom de

celui-ci, au salarié pour acceptation un acte précis et complet », en a déduit que « la transmission de cet acte constituait une offre engageant l'employeur » (Cass. soc. 14/12/1995 n° 92-44.496 RJS 3/96 n° 276).
En pratique, lorsqu'une transaction se négocie entre les avocats des parties, ceux-ci, après avoir reçu l'accord écrit ou verbal de leurs clients, opèrent un échange de mail ou de correspondance qui fera foi devant n'importe quelle mauvaise foi ultérieure.

Quel avantage y a-t-il à une négociation entre avocats ?

D'abord, notons que dans certains cas, les tensions et l'affectif entre les parties sont telles qu'il est impossible de parvenir à un accord. Les avocats sont alors nécessaires pour dépassionner le débat et parvenir à un accord des parties.
Mais il y a bien d'autres avantages d'une négociation entre avocats, ne seraitce que la totale discrétion, puisqu'il y a secret des correspondances échangées, celles-ci ne pouvant être utilisées en justice.

Un juge peut-il requalifier une faute acceptée dans la transaction ?

C'est un des grands dangers des transactions à l'amiable, établies sans avocat et reposant sur la bonne foi préjugée. Citons quelques cas nombreux où le juge annule la faute grave, souvent invoquée par l'employeur, (pour échapper à la contribution Delalande) :
- l'employeur ayant laissé le salarié effectuer son préavis, ce qui est incompatible avec une faute grave ;
- l'employeur invoquant une baisse des résultats ou une insuffisance professionnelle, ce qui ne peut en aucun cas justifier d'une faute grave ;
- l'employeur n'invoquant que des faits véniels, parfois à la demande du salarié qui n'accepte pas que soit détaillée une faute grave. Les juges annulent alors la faute grave, avec toutes les conséquences qui en découlent. (Cass. soc. 06/04/1999 n° 96-43.467, RJS 5/99 n° 662).

IV

LES 6 CONDITIONS RELATIVES À OBSERVER POUR SIGNER UNE TRANSACTION SÛRE

VUE D'ENSEMBLE

A — LA FORME DE LA NOTIFICATION DE LA RUPTURE

B — BIEN SCINDER ET DISTINGUER LES DIFFÉRENTES SOMMES CITÉES

C — LA TRANSACTION NE RÈGLE QUE LES DIFFÉRENDS QUI S'Y TROUVENT COMPRIS

D — LA TRANSACTION NE PEUT PORTER QUE SUR DES DROITS NÉS À LA DATE DE LA RUPTURE

E — VEILLER AU CLASSEMENT DES PIÈCES

F — LA TRANSACTION N'ENTRAÎNE PAS DE RENONCIATION À TOUTE ACTION PRUD'HOMALE

POUR PLUS DE DÉTAILS

A LA FORME DE LA NOTIFICATION DE LA RUPTURE

Dans plusieurs arrêts récents, la Cour de cassation a déclaré nulle des transactions au motif qu'elles portaient la même date que la lettre de licenciement lesquelles, remises en main propre au salarié contre décharge, n'avaient pas été notifiées dans les formes légales (Cass. soc. 18/05/1999, n° 2268 D).

On ne peut déduire de ces décisions que seule la transaction signée après réception par le salarié de la lettre recommandée avec demande d'avis de réception lui notifiant son licenciement est désormais valable. Dans ces affaires, à chaque fois il y a eu matière, pour les juges, à penser qu'il s'agissait de transactions antidatées, à cause des maladresses commises. Dans un tel cas d'espèce, la transaction et la décharge de la lettre de licenciement signée par le salarié portaient la même date (Cass. soc. 14/3/2001 n° 99-41.248), dans d'autres cas, la convocation à un entretien préalable portait une date qui était un dimanche non travaillé, ou une date où le bulletin de paie mentionnait clairement que le salarié était en congé.

Ces arrêts ne devraient pas remettre en cause la jurisprudence selon laquelle la formalité de l'envoi en recommandé avec avis de réception, ne constitue pas une formalité substantielle mais un mode de preuve du licenciement (Cass. soc. 26/10/1979, Bull. civ. V, p. 592, n° 799), permettant seulement de prévenir toute contestation sur la date de rupture du contrat de travail (Cass. soc. 20/03/1980 n° 830 ; Cass. soc. 12/10/1983 n° 1752 ; Cass. soc. 19/03/1987…) En effet, c'est la question de la date de la rupture qui est au centre du débat relatif à la validité de la transaction.

Bien que l'arrêt du 18 mai 1999 précité ne permette pas de trancher ces questions avec certitude, il semble bien pourtant que dans son dernier état, la jurisprudence de la Cour de cassation se durcisse, visant à tenir en échec les pratiques de certaines entreprises, faisant signer le même jour aux salariés dont elles veulent se séparer, le reçu antidaté d'une lettre de licenciement et une transaction sur les conséquences de la rupture.

Ainsi, par un arrêt du 13/12/2000 n° 99-40.656, la Cour de cassation a annulé une transaction, au motif que la lettre de licenciement portait la même date que la transaction ! Allant encore plus loin, par un arrêt du 25/04/2001 n° 1672, la Cour de cassation a entériné un jugement de la Cour d'appel, qui avait décidé qu'une transaction signée le 17/10/1994 n'avait pas été valablement conclue, car la lettre de licenciement portait la mention « reçu en main propre le 11/04/1994 ». On ne saurait donc qu'être de plus en plus prudent sur la forme RAR

Et comme en pratique, il arrive que le salarié ne souhaite pas que sa lettre de convocation à un entretien préalable ou sa lettre de licenciement lui soient adressées par La Poste en RAR, souhaitant informer lui-même son conjoint de l'affaire, il est plus que prudent de mentionner ce fait, tant dans la lettre de licenciement remise contre décharge, que dans la transaction.

B — BIEN SCINDER ET DISTINGUER LES DIFFÉRENTES SOMMES CITÉES

Il est très important dans la rédaction d'une transaction de bien distinguer les différentes sommes citées, et en particulier :

- l'accord portant sur des sommes soumises aux charges sociales (salaires, primes, gratifications, commissions etc.) ;
- le montant de l'indemnité légale ou conventionnelle de licenciement, qui, actuellement, est non soumise aux charges sociales patronales ou salariales et est non-imposable pour le salarié ;
- le montant, qualifié « d'indemnité transactionnelle forfaitaire et définitive », présumé ne réparer qu'un préjudice uniquement moral, et non financier, et qui à ce titre n'est pas soumis à l'impôt sur le revenu et aux charges sociales à l'heure d'aujourd'hui. Elle ne supporte que la CSG/CRDS à la charge du salarié, sauf disposition différente dans la transaction. En effet, le salarié peut parfois obtenir de l'employeur qu'il prenne en charge lui-même le montant de la CSG/CRDS normalement précompté sur le brut et à charge du salarié. L'employeur passe alors comptablement l'écriture du montant de la CSG/CRDS en O.D. (Opérations Diverses).

C — LA TRANSACTION NE RÈGLE QUE LES DIFFÉRENDS QUI S'Y TROUVENT COMPRIS

Selon l'article 2049 du Code civil : « Les transactions ne règlent que les différends qui s'y trouvent compris... »
Elle n'a donc l'autorité de la chose jugée entre les parties que « dans les limites de la contestation à laquelle elle a mis fin ou qu'elle a empêchée » (Cass. soc. 30/01/1996. RJS 3/96 n° 277).
Dès lors, une transaction signée ne portant que sur des demandes de salaires et accessoires pour une période de deux ans, n'empêche pas le salarié de réclamer ultérieurement à la signature de la transaction, un rappel de rémunérations antérieures aux deux ans, (Cass. soc. 30/01/1996, RJS 3/96 n° 277).
« Une transaction doit faire mention expresse des clauses contractuelles auxquelles telle ou telle partie renoncerait », (Cass. soc. 30/01/1996. RJS 3/96 n° 278 ; 12.10.1999 n° 96-43.020, n° 3549 P ; 21/03/2000 n° 97-44.103 P).
Dans de très nombreux arrêts il a été jugé que si l'acte transactionnel ne fait pas mention d'une renonciation ou d'une limitation quelconque à la clause de non-concurrence contractuelle, celle-ci devra s'appliquer intégralement pour l'une ou l'autre partie.

D — LA TRANSACTION NE PEUT PORTER QUE SUR DES DROITS NÉS À LA DATE DE LA RUPTURE

Par exemple, elle n'est pas de nature à priver un salarié, licencié pour motif économique, de la priorité de réembauchage dont il bénéficie pendant un an. (Cour d'appel de Dijon 09/06/1993. RJS 8/94 n° 1100, Cass. soc. 14/05/1997 n° 2067, n° 94-44.690 RJS 10/97 n° 1091).

E — VEILLER AU CLASSEMENT DES PIÈCES

Il est essentiel de veiller à définir où seront prudemment classées les pièces ayant servi au calcul de la transaction :

– dans le dossier individuel ou un dossier spécifique on classe les éléments officiels de rupture du contrat et la transaction, ce dossier pouvant être produit lors de contrôles ultérieurs (URSSAF, fisc...).
– ailleurs, (et pas n'importe où), les éléments de négociation ayant servi à définir les concessions réciproques. Ces pièces souvent abondantes, et parfois compromettantes, ne servent à rien dans le dossier, une fois la transaction signée. C'est un jeu d'enfant pour un contrôleur URSSAF de demander ce dossier non-expurgé, son redressement est alors facile, et si l'employeur rechignait, il craindrait en plus le pénal. Et que dire des « turpitudes » placées dans un coffre qui peut être ouvert par une autorité administrative et diffusée aux Administrations compétentes !

Certaines entreprises adressent sous pli fermé les pièces compromettantes ou les « turpitudes », à leur avocat qui place l'enveloppe sous séquestre. Ainsi, si besoin en était, elles pourraient toujours y avoir accès.

F LA TRANSACTION N'ENTRAÎNE PAS DE RENONCIATION À TOUTE ACTION PRUD'HOMALE

« Les transactions se renferment dans leur objet : la renonciation qui y est faite à tous droits, actions et prétentions ne s'entend que de ce qui est relatif au différend qui y a donné lieu » précise l'article 2048 du Code civil. Dès lors que le différend porte sur un autre objet que la rupture du contrat proprement dite, une action prud'homale est toujours possible. Il en va de même des demandes en annulation des transactions, lorsqu'une seule des 11 conditions nécessaires n'est pas remplie (voir chapitre précédent).
D'ailleurs, l'article 2049 précise : « Les transactions ne règlent que les différends qui s'y trouvent compris ».
Les cas sont nombreux où cet article est invoqué, mais citons un cas fréquent concernant la demande du salarié de percevoir la compensation financière de sa clause de non-concurrence, alors que la transaction ne l'avait pas invoquée (Cass. soc. 12/10/1999 n° 96-43.020 P ; 06/05/1998 n° 96-40.234).
La rédaction de la transaction doit être soignée, et l'employeur se devrait d'imaginer que son ex-salarié pourrait devenir de mauvaise foi après signature de la transaction et perception de l'indemnité transactionnelle. S'il a du mal à l'imaginer, qu'il pense à l'avocat de cet ex-salarié !

Si l'indemnité transactionnelle englobe la réparation de préjudice, les congés payés, le préavis non effectué... quelle est la position de l'URSSAF ?

Dans un célèbre arrêt du 10/10/1991, la Cour de cassation a décidé de ne pas soumettre ces sommes puisque non distinctes. Mais malgré cet arrêt, dans la 3e édition de notre ouvrage *Démission, Départ négocié, Licenciement, Retraite, Sanctions* publié chez MAXIMA nous écrivions déjà que nous ne saurions que trop conseiller la prudence, tant à l'employeur vis-à-vis des charges sociales, qu'au salarié, vis-à-vis de ses impôts.
D'ailleurs, par un arrêt du 16 juin 1998, la Cour de cassation a apporté les éclaircissements attendus. Il convient que l'employeur, en cas de fixation d'un montant global transactionnel, distingue bien sur le bulletin de paie (devenu obligatoire), les différentes sommes qui sont incluses dans le montant forfaitaire et global et qui ne correspondent pas toutes à une réparation de préjudice.
Tel est le cas, en particulier :
- des sommes correspondant à une rémunération ou à un élément de rémunération soumis aux retenues sociales ;
- les sommes exclues de tous prélèvements (indemnité conventionnelle de licenciement ou remboursement de frais justifiés) ;
- les sommes correspondant à la réparation d'un préjudice, exonérées de charges sociales, mais soumises à CSG et CRDS.

> Il convient que la nature des dommages et intérêts, réparant le seul préjudice moral, et non financier, ne fasse aucun doute aux yeux des contrôleurs et des juges. D'ailleurs, dès que l'indemnité transactionnelle dépasse de six mois au moins l'indemnité conventionnelle de licenciement, l'URSSAF demande à ses contrôleurs d'examiner les dossiers avec grand soin. (Circ. min. 15/07/1987). L'auteur ayant établi plus de 3 000 transactions, dont certaines avec de très importants montants se chiffrant en centaines de milliers d'euros, et qui n'ont jamais fait l'objet de redressement malgré les contrôles, peut attester du soin qu'il convient d'y apporter.

Une transaction peut-elle comporter une clause pénale ?

Une clause pénale est la clause par laquelle, s'il manque à son engagement, un débiteur devra verser au créancier une somme d'argent dont le montant, fixé à l'avance, est indépendant du préjudice causé.

Il est parfois de l'intérêt de l'employeur d'assortir la transaction d'une clause pénale, par laquelle le salarié s'engage en cas de non-respect d'une obligation (non-concurrence par exemple), de verser à l'employeur une somme donnée.

On rencontre aussi le cas où l'indemnité transactionnelle devra être réglée en plusieurs paiements échelonnés. La clause pénale s'appliquerait en cas de retard de paiement par l'employeur.

Rappelons qu'un juge peut toujours revenir sur une clause pénale pour la diminuer.

V

LA RÉDACTION D'UNE TRANSACTION

VUE D'ENSEMBLE

A LE PLUS GRAND DANGER

B LE RESPECT DES CONDITIONS LÉGALES, CONVENTIONNELLES ET RÉGLEMENTAIRES

C UN MODÈLE OU CANEVAS TYPE DE CONVENTION TRANSACTIONNELLE

POUR PLUS DE DÉTAILS

A — LE PLUS GRAND DANGER

Le plus grand danger est, pour un employeur, de rédiger ses transactions :
- avec toujours le même modèle, les mêmes caractères et dispositions ;
- avec toujours les mêmes fautes ;
- avec systématiquement la faute grave pour les salariés de plus de 50 ans. Comment dans ce cas, imaginer qu'un contrôleur serait assez naïf pour ne pas soupçonner l'employeur d'éviter ainsi la contribution Delalande ?

Voilà d'assez sûrs moyens de se faire redresser.

B — LE RESPECT DES CONDITIONS LÉGALES, CONVENTIONNELLES ET RÉGLEMENTAIRES

Le modèle type ci-dessous ne peut être utilisé que lorsque les conditions légales, conventionnelles et réglementaires de sa validité sont réunies.
Le rédacteur et l'éditeur ne peuvent être tenus pour responsables des conséquences directes ou indirectes d'un usage erroné ou illégal.
Il convient d'adapter ce modèle simplifié à chacune des situations.

C — UN MODÈLE OU CANEVAS TYPE DE CONVENTION TRANSACTIONNELLE

Sous réserve de ces principes précédents, tentons toutefois de conseiller un canevas type, à adapter à chaque cas.

Il est toujours conseillé, après rédaction d'un projet de transaction et avant signature de vérifier le respect des 11 conditions nécessaires et de s'assurer du respect des 6 conditions relatives ci-avant rappelées.

- en caractères normaux : les formules constantes,
- entre parenthèses : certaines formules facultatives,

– en italique : des commentaires.

L'entreprise ou l'avocat, a intérêt à conserver verrouillé un modèle type, s'inspirant du canevas ci-après, et à l'utiliser par un « copier-coller », plutôt que de reprendre le modèle d'une précédente transaction, source de toutes les erreurs les plus grossières.

Convention transactionnelle

« Entre les soussignés :
– d'une part M. ....demeurant :...
(éventuellement : représenté par Maître x ou, M. y Délégué du personnel ou syndical qui a reçu un mandat en bonne et due forme annexé au présent acte) ;

– d'autre part la Société :...au capital de ....euros, dont l'établissement est sis à : ....
représentée par M. ....
ci-après dénommée « La Société » ;

Il a été préalablement exposé ce qui suit.

Article 1. Rappel de faits

L'ancienneté (dans le Groupe) de M...........................remonte au : ....
(y compris la reprise éventuelle d'une ancienneté lors de l'engagement).
La transaction suppose qu'apparaissent clairement tous les éléments de la contestation tant du côté employeur que du côté salarié. Ne pas, toutefois, être trop détaillé ou polémique.

La Société a donc dû envisager de rompre le contrat de M. ....
Elle l'a convoqué par lettre datée du...........................à un entretien préalable qui s'est tenu le ....
Elle a confirmé son licenciement par lettre datée du : ....
(Variante : Cette lettre de licenciement a été remise au salarié en main propre, à sa demande expresse, ayant souhaité en informer lui-même ses proches.)

Article 2. Contestation du licenciement

M. ....a contesté le bien fondé et le caractère réel et sérieux des motifs invoqués pour ce licenciement, et a signifié clairement son intention de soumettre son dossier à la juridiction prud'homale compétente,
(ou a saisi le Conseil des Prud'hommes de ....en date du ....),
(ou a mandaté son avocat : Maître xxx du barreau du département ....)

faisant valoir notamment :
- le préjudice moral que cette rupture lui faisait subir ;
- le discrédit de nature à entacher sa réputation professionnelle ;
- le discrédit de nature à nuire à sa réinsertion professionnelle ;
- les troubles dans ses conditions d'existence, que cette rupture va inévitablement entraîner...

Selon les cas, ajouter : d'autres préjudices (mais uniquement moraux), et d'autres précisions majorant le préjudice tels que : âge, situation de famille, personnes à charge, conjoint ne travaillant pas, handicapé dans la famille, étroitesse de la profession ou du métier, brutalité et côté vexatoire de la rupture...

Il a rappelé les éléments sur lesquels il se fondait, et chiffré à ....euros, (ou à x mois), le montant de la réparation du préjudice qu'il exigeait *(éventuellement, mentionner d'autres demandes, telles une prise en charge des frais d'un out-placement, la non-exécution du préavis, des sommes soumises aux cotisations sociales demandées ....)*
La Société quant à elle lui a signifié qu'elle entendait se limiter à : ....euros *(ou variante :* « aux dispositions de la Convention collective »).

Afin d'éviter une fâcheuse procédure, et sans pour autant renoncer à leurs positions respectives,
- après de longues discussions et transactions, (*Éventuellement :* « et avec l'appui et les conseils de Maître ....avocat au barreau du département n° .... ou (« et avec l'appui de M ....Délégué .... »)
- et au prix de concessions réciproques,

les parties se sont rapprochées et sont convenues de ce qui suit dans le cadre des articles 2044/2052 du Code civil.

Article 3. Concessions réciproques

Penser aux préavis, heures pour recherche d'emploi, heures supplémentaires, congés payés, clause de non-concurrence, primes, gratifications, commissions, bonus, intéressement...
Parfois, l'employeur renonce aussi à tout recours envers le salarié par exemple, ne pas porter plainte.

Les parties conviennent de faire leur affaire personnelle des enquêtes qui pourraient être diligentées par les organismes sociaux ou le fisc, et des éventuels redressements qui seraient décidés, et s'engagent réciproquement à observer la plus totale discrétion sur la teneur du présent acte et les montants cités, sauf naturellement réponse à toute demande qui émanerait des autorités habilitées (fisc, URSSAF, ASSEDIC etc.)

Article 4. Concessions de la Société

Il convient de lister tous les points pouvant être considérés comme des concessions de la Société.

Texte à adapter à chaque cas :

- *Préavis et heures pour recherche d'emploi.*
- *Primes, gratifications, commissions, bonus...*
- *Droit à congés payés (année dernière, année en cours).*
- *Solde du compte épargne-temps.*
- *Droits à repos compensateurs non pris.*
- *Droits à jours RTT non pris.*
- *Droits à bonification des heures supplémentaires attribuées en temps et non prises.*
- *Véhicule (achat ou utilisation jusqu'au....), assurance véhicule (couverture jusqu'au....), frais durant le préavis (carte de crédit, bons essence...)*
- *Autres remboursements de frais.*
- *Autres assurances (vie, retraite par capitalisation...)*
- *Autres avantages en nature (logement, repas...)*
- *Clause de non-concurrence (y renoncer totalement ou partiellement, ou en insérer une). « Cette renonciation doit résulter d'une volonté expresse et non-équivoque et ne saurait être tacite » (Cour d'appel de Versailles 12/01/1994. RJS 6/96 p. 414). Attention, depuis mi 2002, une clause de non-concurrence sans contrepartie financière est nulle et de nul effet.*

Autres formes de concessions de l'employeur :

- *Formation à prendre en charge,*
- *Frais d'out-placement,*
- *Aide à la création d'entreprise,*
- *Aide à la réinsertion,*
- *Don d'un micro-ordinateur, d'un téléphone portable...*
- *Abandon du remboursement d'un prêt consenti,*
- *Offre d'un nouvel emploi dans le Groupe,*
- *Droits à participation ou intéressement,*
- *Prise en charge des frais d'un déménagement éventuel en cas de reprise d'un travail dans l'année, impliquant un changement de résidence...*

En conséquence, la Société versera avec son dernier bulletin de salaire à M .... les sommes suivantes, sous déduction des charges sociales, de la CSG et de la CRDS selon les règles et taux en vigueur lors du versement :

- appointements ou salaire du dernier mois :..
- indemnité de préavis non effectué :..
- indemnité de congés payés non pris : ....
- indemnité de repos compensateurs non pris : ....
- bonifications des heures supplémentaires non prises : ....
- indemnité compensatrice de repos RTT non pris : ....
- solde du compte épargne-temps : ....

– primes, gratifications, commissions, bonus : ....
– indemnité de licenciement conventionnelle sans CSG ou CRDS : ....
– indemnité transactionnelle après déduction de la CSG et de la CRDS à la charge du salarié *(variante : Si l'employeur s'engage à prendre à sa charge la CSG et la CRDS, mentionner Indemnité transactionnelle nette de tous prélèvements) :*......................

Article 5. Concessions de M ....

(Préavis. Passage de consignes ou dossiers en cours. Poursuite de certaines missions. Autres…)

Engagement de loyauté : le salarié s'engage à respecter son obligation de loyauté, et en particulier de ne pas, directement ou indirectement, débaucher des salariés de la société, divulguer des informations confidentielles auxquelles il a eu accès à l'occasion de ses fonctions, et plus généralement de s'abstenir de tout comportement susceptible de nuire à la société.

Renonciation à tout recours : moyennant le paiement de l'indemnité transactionnelle précitée, et l'exécution par la société des conditions prévues ci-dessus, M ....
– déclare être rempli de tous ses *droits légaux, conventionnels ou contractuels* au titre du fonctionnement de son contrat de travail, et de la liquidation de la situation consécutive à la résiliation dudit contrat ;
– déclare que la présente transaction, sous réserve que les engagements de la société soient réellement *respectés*, règle définitivement tous les litiges relatifs aux rapports ayant existé entre les parties et notamment au titre de l'exécution et de la résiliation du contrat de travail et aux sommes de toutes sortes en résultant ;
– reconnaît n'avoir plus aucune demande à formuler vis-à-vis de la Société (et de toute autre Société du Groupe), pour quelque cause et à quelque titre que ce soit,
– et reconnaît d'autre part, depuis que le premier projet et la présente transaction lui ont été proposés, avoir disposé de l'observation d'un délai de réflexion suffisant pour avoir pu en toute connaissance de cause apprécier l'étendue de ses droits et obligations en fonction de quoi a été convenue la présente transaction.

Celle-ci a donc le caractère d'une transaction définitive irrévocable et sans réserve régie par les articles 2044 à 2052 du Code civil, s'opposant à toute nouvelle réclamation susceptible de découler de l'exécution et de la rupture de son contrat de travail, de la part de M ....

Aux effets ci-dessus :
– renonce pour lui-même, et ses ayants droit en application de l'article 1121 du Code civil, à toutes prétentions et à toutes indemnités, et à tout recours envers la Société, (et n'importe quelle autre Société du Groupe, tant en France qu'à l'étranger), pour quelque raison que ce soit ;
– déclare se désister en tant que de besoin de toute action ou instance qu'il pourrait

engager ou avoir engagées à l'encontre de la Société (ou de toute autre Société du Groupe), devant tout organisme ou juridiction ;
- reconnaît avoir été informé des délais de carence et des différés d'indemnisation actuellement prévus par le régime d'assurance-chômage.

(Éventuellement, en cas de licenciement pour motif économique : *« Par ailleurs, s'engage à s'opposer dans un délai de quinze jours à compter de la date à laquelle une organisation syndicale lui aurait notifié son intention d'ester en justice en application de l'article L 321-15 du Code du travail ».)*

Établie en deux exemplaires le :

Pour la Société : Le salarié :

Mention manuscrite : « lu et approuvé. Bon pour transaction irrévocable et désistement de tous droits, instances et actions. Bon pour renonciation à tout recours ».

Signature *Signature*

QUESTIONS / RÉPONSES

La rédaction d'une transaction est-elle simple ?

Non, elle est affaire de spécialiste, et outre les avocats spécialisés en droit social, il y a des juristes dans les entreprises, souvent dans les D.R.H, qui sont fiables, surtout ceux qui suivent régulièrement sur ce sujet des stages d'actualisation, car le droit des transactions évolue ces dernières années aussi vite qu'un T.G.V.
La rédaction d'une transaction doit être soignée, afin d'éviter tout litige ultérieur, et de minimiser les risques de redressement par les URSSAF pour l'entreprise, ou par le fisc pour le salarié. Comme ces deux institutions rebondissent l'une sur l'autre, il y a une totale communauté d'intérêt entre l'employeur et son salarié de soigner la transaction.

Y a t'il des précautions particulières pour les transactions d'un montant très élevé ?

Les « hautes transactions », en particulier :
- celles qui dépassent 24 mois de rémunération (base D.A.D.S. année

précédant la date de la rupture du contrat de travail) ou 50 % de la 1e tranche de l'I.S.F. (Impôt de Solidarité sur la Fortune),

– ou celles concernant les mandataires sociaux, révocables *ad nutum* et non considérés comme salariés, donc non couverts par l'ASSEDIC,

sont une affaire de spécialistes, et nous ne saurions trop recommander l'intervention d'un avocat très spécialisé.

Dans ce dernier cas, nous employons une autre formule, qui ne peut relever de la seule entreprise, car elle requiert l'intervention de deux avocats, d'un arbitre, puis d'un jugement d'exequatur par le Tribunal de Grande Instance. A la connaissance de l'auteur, seulement une dizaine d'avocats en France ont cette expérience.

Pourquoi mentionner dans la convention transactionnelle l'ancienneté du salarié ?

Pour une raison simple, si le salarié conteste son ancienneté, base de l'indemnité de licenciement, il le signalera avant de signer. Car rares sont les gestionnaires du personnel qui peuvent être sûrs de l'ancienneté d'un salarié ancien. En effet, par le jeu des fusions, absorptions, filialisation, reprise de marché, mutation, et plus généralement de l'application de l'article L. 122-12 du Code du travail, on ne peut jamais être sûr de l'ancienneté mentionnée sur le bulletin de paie.

Quelles sont les conséquences de la nullité de la transaction ?

Normalement, l'acte étant jugé nul par le tribunal, c'est comme s'il n'avait pas existé. Donc la nullité de la transaction devrait entraîner la restitution par le salarié des sommes versées en exécution de celle-ci (Cass. soc. 22/04/2001 n° 99-41.499).

Dans la pratique, jusqu'ici, le salarié conservait les sommes déjà versées, et demandait au tribunal de juger la nullité de la transaction, puis la rupture abusive, il percevait ainsi deux fois de l'argent.

L'auteur ayant fait annuler des dizaines de transaction à la demande de salariés, et ayant tenté parfois de défendre l'employeur dans une action contre lui, ne peut que suggérer à l'employeur cité en annulation d'une transaction de demander la compensation entre l'indemnité transactionnelle versée et encaissée, et les indemnités ayant le même objet auxquelles il pourrait être condamné. Sinon les juges ne peuvent se substituer à lui.

Faut-il remettre un reçu pour solde de tout compte, en cas de transaction ?

Naturellement non. La transaction est en elle-même un super reçu pour solde

de tout compte, normalement non dénonçable si les 11 conditions nécessaires de validité sont respectées.
D'ailleurs, les juges estimaient avant que ce reçu ne soit plus libératoire et perde ainsi l'essentiel de son intérêt (loi dite de « modernisation sociale » du 17/01/2002), qu'un reçu pour solde de tout compte, signé en exécution d'une transaction jugée nulle, est nul lui-même. Ce qui est logique (Cass. soc. 13/01/1998 n° 95-41.592).

Que faire si le salarié meurt après avoir signé sa transaction ?

Les sommes négociées dans l'acte transactionnel sont dues. Il convient de ne les verser qu'au notaire chargé de la succession.
Notons que parfois, une transaction est signée plusieurs mois avant la fin du contrat, parfois même elle est signée lorsque le salarié est bien mal en point. Dans ces cas-là, la clause de renonciation des ayants droit a un grand intérêt (voir *in fine* du modèle-type).

VI

LES INDÉMNITÉS DE RUPTURE ET LES COTISATIONS SOCIALES

VUE D'ENSEMBLE

A L'ENCADREMENT JURIDIQUE

B LES SOMMES NON SOUMISES AUX COTISATIONS SOCIALES

C LES SOMMES SOUMISES AUX COTISATIONS SOCIALES

POUR PLUS DE DÉTAILS

A L'ENCADREMENT JURIDIQUE

Il convient que la nature des dommages et intérêts – réparant le seul préjudice moral, et non le préjudice financier –, ne fasse aucun doute aux yeux des contrôleurs et des juges.

D'ailleurs, dès que l'indemnité transactionnelle dépasse de six mois au moins l'indemnité conventionnelle de licenciement, l'URSSAF demande à ses contrôleurs d'examiner les dossiers avec grand soin. (Circ. min. 15/07/1987).
Depuis l'article 2bis de la loi de Finances 2000 et l'article 2 de la loi de Financement de la Sécurité sociale, qui en est le pendant, il y a désormais des cotisations de Sécurité sociale dues sur certaines indemnités de rupture (en plus de la CSG et de la CRDS qui l'étaient déjà).
Cette mesure ne vise en fait que les indemnités transactionnelles très importantes.

B LES SOMMES NON SOUMISES AUX COTISATIONS SOCIALES

Les sommes non soumises aux cotisations sociales, qui ont le caractère de dommages et intérêts ou de réparation des préjudices subis du fait de la rupture du contrat de travail, sont :

- les remboursements de frais justifiés,
- l'indemnité légale ou conventionnelle de licenciement, dans la limite prévue par la loi ou la convention collective applicable,
- l'indemnité de départ volontaire à la retraite dans la limite de 3 050 euros en 2002 (C.G.I. Art. 81, 22°),
- l'indemnité de départ volontaire versée dans le cadre d'un plan social (Art. L.321-4 et L. 321-4.1 du C.T.),
- l'indemnité versée en cas d'inobservation de la procédure de licenciement (Art. L.122-14.4 du C.T.),
- l'indemnité versée en cas d'absence de cause réelle et sérieuse de licenciement (Art. L.122-14.4 du C.T.).

C LES SOMMES SOUMISES AUX COTISATIONS SOCIALES

Le total des indemnités de rupture (indemnité de licenciement ou de mise à la retraite + indemnité transactionnelle), qui dépasserait le minimum légal ou conventionnel, est désormais soumis dans les conditions suivantes, l'employeur pouvant opter pour celle des deux solutions ci-dessous qui est la plus avantageuse pour lui :

- exonération des cotisations sociales sur 50 % de la somme des indemnités de licenciement + transactionnelle perçues, (et donc assujettissement des cotisations sociales et de l'IRPP sur les autres 50 %) ;
- ou exonération du double de la rémunération brute perçue par le salarié au cours de l'année civile ayant précédé la rupture du contrat de travail, base D.A.D.S. année (n-1).

En tout état de cause, les sommes perçues au-delà de la première tranche de l'Impôt de Solidarité sur la Fortune (358 248 euros pour 2002), sont assujetties aux cotisations sociales pour la fraction qui excède ce montant. Bref, il y a toujours assujettissement si le total des indemnités de rupture (de licenciement et transactionnelle) dépasse 358 248 euros en 2002. **Pour ces « hautes transactions », qu'elles visent des salariés ou des mandataires sociaux, l'entreprise n'a d'autre choix que de passer par un avocat très spécialisé, si elle veut tenter d'échapper aux cotisations sociales, et l'intéressé aux impôts.**

Au-delà du plus élevé de ces trois montants, les sommes sont soumises à l'I.R.P.P., aux charges et à la CSG et à la CRDS.

Naturellement, lorsqu'un salarié, souvent un cadre, perçoit des indemnités de rupture de différentes sociétés d'un même Groupe qui l'employaient, il convient d'appliquer ces règles sur la totalité des indemnités perçues dans le Groupe de sociétés.

Si le versement de ces indemnités s'opère sur deux années civiles successives, (par exemple une partie de 300 000 euros versée à la fin de l'année « n » et une partie de 100 000 euros au début de l'année « n + 1 »), les limites précitées s'apprécient en totalisant l'ensemble des versements, (en l'occurrence 400 000 euros).

Dans le cas où une transaction serait signée après une faute grave ou lourde, l'indemnité transactionnelle destinée à éviter ou arrêter tout contentieux, est exonérée de cotisations sociales dans les limites précitées.
L'indemnité transactionnelle après un licenciement pour faute grave n'est exclu de la CSG et de la CRDS, que dans la limite du montant de l'indemnité conventionnelle de licenciement.

QUESTIONS / RÉPONSES

Si l'indemnité transactionnelle englobe la réparation de préjudice, les congés payés, le préavis non effectué... quelle est la position de l'URSSAF ?

Dans un célèbre arrêt du 10/10/1991, la Cour de cassation a décidé de ne pas soumettre ces sommes puisque non distinctes. Mais malgré cet arrêt, dans notre ouvrage[1] *Démission, Départ négocié, Licenciement, Retraite, Sanctions* nous écrivions déjà que nous ne saurions que trop conseiller la prudence, tant à l'employeur vis-à-vis des charges sociales, qu'au salarié, vis-à-vis de ses impôts.
D'ailleurs, par un arrêt du 16 juin 1998, la Cour de cassation a apporté les éclaircissements attendus. Il convient que l'employeur, en cas de fixation d'un montant global transactionnel, distingue bien sur le bulletin de paie (devenu obligatoire), les différentes sommes qui sont incluses dans le montant forfaitaire et global et qui ne correspondent pas toutes à une réparation de préjudice.

Tel est le cas, en particulier :
- des sommes correspondant à une rémunération ou un élément de rémunération soumis aux retenues sociales ;
- les sommes exclues de tous prélèvements (indemnité conventionnelle de licenciement ou remboursement de frais justifiés) ;
- les sommes correspondant à la réparation d'un préjudice, exonérées de charges sociales, mais soumises à CSG et CRDS.

Il convient que la nature des dommages et intérêts, réparant le seul préjudice moral, et non financier, ne fasse aucun doute aux yeux des contrôleurs et des juges. D'ailleurs, dès que l'indemnité transactionnelle dépasse de six mois au moins l'indemnité conventionnelle de licenciement, l'URSSAF

1. *Démission. Départ négocié. Licenciement. Retraite. Sanctions*, 3e édition, MAXIMA Laurent du Mesnil Editeur.

demande à ses contrôleurs d'examiner les dossiers avec grand soin. (Circ. min. 15/07/1987). L'auteur ayant établi plus de 3 000 transactions, dont certaines avec de très importants montants se chiffrant en centaines de milliers d'euros, et qui n'ont jamais fait l'objet de redressement malgré les contrôles, peut attester du soin qu'il convient d'y apporter.

Dans quels comptes imputer les indemnités transactionnelles ?

Il convient, si l'indemnité transactionnelle englobe plusieurs natures d'éléments, de bien distinguer :

- les sommes soumises, l'indemnité de licenciement, les frais etc. ;
- et d'isoler la somme réparatrice de préjudice moral représentant la seule indemnisation transactionnelle. Cette somme est à imputer dans le Compte 6414 : Indemnités et avantages divers.

Pour de très importantes transactions au montant exceptionnel, ou lorsqu'on souhaite conserver la plus grande discrétion, on peut utiliser le compte 6788 : Charges exceptionnelles diverses de l'exercice.

VII

LES TRANSACTIONS ET L'ASSEDIC

VUE D'ENSEMBLE

- **A** LE DROIT AUX ALLOCATIONS ASSEDIC
  - **B** L'IMPACT DE L'ACCORD TRANSACTIONNEL SUR LE DROIT À INDEMNISATION
  - **C** LE DIFFERÉ DE 8 JOURS D'INDEMNISATION COMME POUR TOUS LES LICENCIEMENTS
  - **D** LE DÉLAI DE CARENCE RELATIF AUX CONGÉS PAYÉS ET AUX JOURS RTT
  - **E** LE DÉLAI DE CARENCE MAXIMUM DE 75 JOURS EN CAS DE TRANSACTION
  - **F** L'INFORMATION OBLIGATOIRE DE L'ASSEDIC EN CAS DE SIGNATURE D'UNE TRANSACTION
  - **G** REMBOURSEMENT DES PRESTATIONS VERSÉES EN CAS DE LICENCIEMENT SANS CAUSE RÉELLE ET SÉRIEUSE
- **H** CAS OÙ L'EMPLOYEUR N'A PAS COTISÉ À L'ASSEDIC

POUR PLUS DE DÉTAILS

A LE DROIT AUX ALLOCATIONS ASSEDIC

En elle-même la transaction n'ouvre aucunement le droit aux allocations de l'ASSEDIC.
En effet, c'est la lettre de licenciement qui a cet effet, la transaction ne fait que la suivre.
Les ASSEDIC vérifient les conditions ayant abouti à un protocole transactionnel :

- s'il apparaît que la rupture est imputable à l'employeur, le salarié bénéficiera des allocations ASSEDIC ;
- s'il apparaît qu'en fait, la rupture est imputable au salarié, il risque le « refus d'admission » au bénéfice des prestations du régime d'assurance-chômage. (Sauf démission pour motif légitime).

Pour bénéficier des allocations chômage, plusieurs conditions doivent être remplies ; l'une d'entre elles tient aux modalités de rupture du contrat de travail : le salarié doit avoir été involontairement privé d'emploi. En aucune façon, il ne doit avoir participé à la décision qui a entraîné la perte de son emploi.
Une rupture sous forme de départ négocié est, *a priori*, un mode de rupture où le salarié participe à la décision qui le conduit à la perte d'emploi. En théorie, il ne peut donc être indemnisé par l'ASSEDIC.
L'UNEDIC a toutefois pris des dispositions en faveur des salariés qui rompent leur contrat dans le cadre d'une rupture négociée. Les droits sont différents selon que cette rupture s'effectue hors de tout contexte économique ou dans ce contexte particulier.

Départ négocié hors d'un contexte économique
Dans ce cas, le chômeur peut obtenir toutefois des allocations. En effet, selon l'UNEDIC, si le chômeur n'est pas reclassé après au moins 121 jours de chômage, il peut demander l'examen de son dossier par la commission paritaire de l'ASSEDIC (Délibération UNEDIC n° 3, § 1).
Cet examen a pour objet de rechercher si au cours de la période des 121 jours, l'intéressé a accompli des efforts en vue de se réinsérer. Plusieurs conditions sont toutefois nécessaires :

- l'intéressé doit demander expressément le réexamen de ses droits ;
- l'intéressé doit avoir quitté l'emploi au titre duquel les allocations lui ont été refusées depuis au moins 121 jours ;

– l'intéressé doit remplir toutes les conditions auxquelles le règlement subordonne l'ouverture d'une période d'indemnisation (aptitude, âge, affiliation.

Le délai de 121 jours de chômage est un **délai préfixé à l'avance** qui court dès le lendemain du dernier jour du contrat de travail. Le délai de 121 jours est allongé des périodes ayant donné lieu à prise en charge des indemnités journalières de la Sécurité sociale à condition que celles-ci aient été d'une durée au moins égale à 21 jours consécutifs.
C'est uniquement sur la constatation d'une réelle recherche de reclassement que doit porter l'enquête de l'ASSEDIC et l'appréciation de la commission paritaire.
Les motifs du départ volontaire ne sont pas à considérer à ce stade. L'intéressé doit apporter des éléments attestant ses recherches actives d'emploi, ses éventuelles reprises d'emploi de courte durée et ses démarches pour entreprendre des actions de formation, de réinsertion ou de requalification.
La commission peut ensuite décider de l'admission dès le 122e jour (Circ. UNEDIC n° 97-06, 17/04/1997).

Départ négocié à l'occasion d'un licenciement pour motif économique
Lorsque le motif de la rupture est d'ordre économique, l'UNEDIC recommande aux ASSEDIC de reconnaître le bénéfice de l'assurance-chômage aux salariés qui acceptent de cesser leur activité dans le cadre de départs négociés, qu'il y ait :
- ou aide au départ versée dans le cadre d'un plan social ;
- ou aide accordée hors plan social dès lors qu'il s'agit d'une mesure sociale destinée à faciliter le départ des salariés ;
- ou transaction conclue après refus du salarié d'adhérer à une convention de conversion (désormais supprimée).

Ainsi, depuis la loi du 29 juillet 1992 (L. n° 92-722, 29/07/1992), toutes les périodes de chômage consécutives à des ruptures de contrat de travail qui ne seraient pas qualifiées de licenciements, mais qui, par application de cette loi, donneraient lieu à la procédure de licenciement économique, doivent automatiquement être considérées comme du chômage involontaire ouvrant droit aux allocations de chômage et ceci en application du protocole d'accord relatif à l'assurance-chômage du 18/07/1992. Dès lors, le salarié qui part volontairement dans le cadre d'une rupture d'un commun accord pour motif économique – cette rupture s'inscrivant dans le cadre d'une procédure de licenciement économique – est assimilé à un salarié licencié pour motif économique.

B L'IMPACT DE L'ACCORD TRANSACTIONNEL SUR LE DROIT À INDEMNISATION

La transaction (à la différence du départ négocié, article 1134 du Code civil) ne constituant pas un mode de rupture du contrat de travail, n'a *a priori* aucun impact sur le principe du droit à indemnisation.
La rupture du contrat a été décidée avant la transaction et le plus souvent par l'employeur ; cette rupture si elle est « involontaire » donne donc droit aux indemnités de chômage. C'est pourquoi les ASSEDIC analysent avec attention les conditions de rupture qui ont précédé et abouti à l'accord transactionnel :

- s'il s'agit d'une rupture imputable à l'employeur (un licenciement le plus souvent), le salarié est admis au bénéfice des prestations du régime d'assurance-chômage ;
- s'il s'agit d'une rupture imputable au seul salarié (démission par exemple), le risque de refus d'admission est considérable à moins qu'il ne s'agisse d'un cas de démission légitime.

Il convient de noter qu'en présence d'une transaction, l'ASSEDIC ne peut exercer son droit à remboursement des allocations de chômage versées comme elle peut le faire en cas de licenciement sans cause réelle et sérieuse sauf si :

- la transaction intervient en cours d'instance d'appel : si une transaction intervient entre l'employeur et le salarié au terme de laquelle le salarié renonce à élever le contentieux, l'ASSEDIC ne peut prétendre obtenir le remboursement des allocations de chômage versées, quand bien même le licenciement serait dépourvu de cause réelle et sérieuse (Cass. soc., 14/01/1982, n° 79-42.492) ;
- lorsqu'un jugement condamnant l'employeur est déjà intervenu ; la transaction est alors inopposable aux ASSEDIC, (Cass. soc., 7/06/1995, n° 91-43.234 ; Cass. Soc. 07/06/1995, n° 91-43.042).

C — LE DIFFERÉ DE 8 JOURS D'INDEMNISATION COMME POUR TOUS LES LICENCIEMENTS

Le versement de l'allocation est reporté au terme d'un « différé d'indemnisation » de 8 jours comme pour tous les licenciements. (8 jours au lieu de 7 pour les fins de contrat à partir du 1/7/2002). Il court à compter du terme du ou des délais de carence si les conditions d'attribution des allocations sont remplies à cette date. À défaut, le différé d'indemnisation court à partir du jour où les conditions sont satisfaites.

Il ne faut pas confondre un différé d'indemnisation avec un délai de carence. En effet, si un salarié a droit à « n » mois d'indemnisation par l'ASSEDIC, avec le différé, il percevra réellement « n » mois d'allocations s'il reste chômeur pendant cette durée, celles-ci ne sont que décalées de 8 jours dans le temps. Alors que les délais de carence s'imputent sur les « n » mois de droit aux allocations.

D — LE DÉLAI DE CARENCE RELATIF AUX CONGÉS PAYÉS ET AUX JOURS RTT

L'allocation n'est versée qu'à l'expiration d'un délai de carence correspondant au nombre de jours représentés par l'indemnité compensatrice de congés payés versée par le dernier employeur.

Le congé annuel s'établit en jours ouvrables ; il y a donc lieu de faire la transposition en jours calendaires. Le rapport est donc de : nombre de jours de congés multipliés par 7/6.

Pour les salariés relevant d'une caisse de congés payés, le délai de carence correspond au congé payé acquis au titre du dernier employeur.

Le délai de carence court à compter du lendemain de la fin du contrat de travail (terme du préavis, effectué ou non) au titre de laquelle l'indemnité compensatrice de congés payés a été versée. C'est un délai « préfixé à l'avance ».

En cas d'imputation du congé payé sur le préavis, l'UNEDIC estime que la prise en charge de l'allocataire doit être reportée à la date où en principe le préavis aurait dû prendre fin (Circ. UNEDIC n° 84-08, 28/03/1984).

La Cour de cassation est d'un avis contraire : pris ou non sur le préavis, les

droits à congé ont été utilisés et ne doivent pas être pris en compte dans le délai de carence (Cass. soc. 21/02/1990, n° 88-13.464).
Par ailleurs, la Cour de cassation a précisé que le salarié à qui le Conseil de Prud'hommes reconnaît le droit à un préavis, doit rembourser à l'ASSEDIC les allocations de chômage perçues pour la période correspondante, celles-ci s'étant révélées indues (Cass. soc. 16/05/2000, n° 98-12.571).
En résumé, le délai de carence C.P correspondant aux indemnités compensatrices de congés payés et de jours RTT non pris = 7/6e du nombre de jours de C.P. et jours RTT (les indemnités ASSEDIC étant versées en jours calendaires).

E LE DÉLAI DE CARENCE MAXIMUM DE 75 JOURS EN CAS DE TRANSACTION

Depuis le 01/01/1997, il y a une carence dans le versement des allocations ASSEDIC, c'est-à-dire une période où l'ex-salarié est bien inscrit et protégé par l'ASSEDIC, il gagne ses trimestres Sécurité sociale gratuitement, mais n'est pas encore indemnisé par le versement des allocations.
Un délai de carence supplémentaire est appliqué quand l'intéressé a perçu une indemnité (de licenciement ou transactionnelle) qui excède les indemnités légalement obligatoires. La plupart des conventions collectives prévoyant une indemnité de licenciement plus élevée que celle de la loi, l'application de ce délai de carence est donc très fréquente.
L'allocation d'aide au retour à l'emploi est due dès la signature du plan d'aide au retour à l'emploi (PARE). Le point de départ de l'indemnisation demeure cependant fixé au lendemain de la fin du contrat de travail. Toutefois, la prise en charge effective intervient à l'issue :
- soit du délai de carence ;
- soit d'un différé d'indemnisation.

Depuis le 01/07/2002 l'article 30-2 al. 2 du règlement UNEDIC est désormais rédigé comme suit :
« Ce délai de carence comprend un nombre de jours égal au nombre entier obtenu en divisant :
- le montant total de ces indemnités et sommes versées à l'occasion de la fin du contrat de travail,
- diminué du montant éventuel de celles-ci résultant directement de l'application d'une disposition législative,
- par le salaire journalier de référence » (celui servant au calcul des allocations ASSEDIC).

Nombre de jours de carence = Somme (IL + IT) - ILL x 1/SJR

IL = Indemnité de licenciement réellement versée
IT = Indemnité transactionnelle brute (sans les prélèvements CSG/CRDS)
ILL = Indemnité Légale de Licenciement
SJR = Salaire Journalier de Référence de l'ASSEDIC

Toutefois ce délai de carence ne peut dépasser 75 jours
Ceci fait qu'en pratique lorsqu'une transaction est conclue, il y a presque toujours 75 jours de carence s'ajoutant aux huit jours pour tout licenciement et au délai de carence congés payés et jours RTT (Réduction du Temps de Travail). On est souvent au-delà de quatre mois.

F L'INFORMATION OBLIGATOIRE DE L'ASSEDIC EN CAS DE SIGNATURE D'UNE TRANSACTION

Nous rappelons que toute transaction conclue avec un salarié, y compris bien après le départ du salarié et donc la remise de son attestation ASSEDIC, doit donner lieu à une information de l'ASSEDIC. Cette obligation porte aussi bien sur l'employeur que sur le salarié.
Si les parties « oubliaient » de signaler la transaction, ou la taisaient volontairement, elles pourraient encourir les sanctions prévues par l'article L. 365-1 du C.T. : « est passible d'un emprisonnement de 2 mois et d'une amende de 3 810 euros ou de l'une de ces deux peines seulement, quiconque se rend coupable de fraude ou de fausse déclaration, pour obtenir ou tenter de faire obtenir des allocations... qui ne sont pas dues. Le Tribunal pourra en outre ordonner la restitution des sommes indûment perçues ».

G REMBOURSEMENT DES PRESTATIONS VERSÉES EN CAS DE LICENCIEMENT SANS CAUSE RÉELLE ET SÉRIEUSE

Il est prévu qu'en cas de licenciement jugé dépourvu de cause réelle et sérieuse, l'institution qui a versé l'allocation de chômage au salarié licencié est en droit d'obtenir auprès de l'ancien employeur du salarié le remboursement de ces allocations dans les conditions et limites prévues à l'article L.

122-14-4 du Code du travail (règlement UNEDIC annexé à la convention d'assurance-chômage, 01/01/2001, art. 72, JO 06/12/2000). À cet effet, une directive UNEDIC n° 93-28 du 21 juin 1993 invite les ASSEDIC à demander à l'employeur le remboursement des prestations de chômage ou le versement de la contribution supplémentaire sans délai.

Le secrétariat-greffe de la juridiction prud'homale doit transmettre une copie certifiée conforme du jugement à l'UNEDIC, à charge, pour celle-ci, de la retransmettre à l'ASSEDIC concernée non seulement en cas d'absence de cause réelle et sérieuse du licenciement d'un salarié mais encore en cas d'existence d'une cause réelle et sérieuse de congédiement lorsque la faute grave ou lourde invoquée par l'employeur n'a pas été établie.

L'obligation de transmission au régime des jugements susvisés n'existe, toutefois, que lorsque le salarié justifie d'au moins deux ans d'ancienneté dans une entreprise occupant au moins onze salariés.

Lorsqu'elles reçoivent, de l'UNEDIC ou directement du secrétariat-greffe, copie d'un jugement, les ASSEDIC doivent, s'il y a lieu, sans délai :

- poursuivre le remboursement par l'employeur des allocations de chômage ;
- rectifier la date de prise en charge du salarié au titre du régime d'assurance-chômage, pour tenir compte du préavis et des congés payés ;
- appeler le versement de la contribution supplémentaire visée à l'article L. 321-13 du Code du travail (Directive UNEDIC n° 93-28, 21/06/1993).

H CAS OÙ L'EMPLOYEUR N'A PAS COTISÉ À L'ASSEDIC

Si l'employeur n'a pas affilié son salarié à l'ASSEDIC, dans les délais prévus ou s'il n'a pas payé les contributions dont il est redevable à l'échéance, l'institution à laquelle il est affilié ou devrait être affilié, peut exiger de lui le remboursement des prestations versées, soit par elle-même, soit par toute autre institution, à ses anciens salariés pendant la période écoulée entre la date limite d'affiliation ou celle de l'échéance et la date à laquelle l'employeur s'est mis complètement en règle au regard de ses obligations (Règlement UNEDIC annexé à la convention d'assurance-chômage, 01/01/2001, art. 71). Cette sanction est indépendante des pénalités pour défaut de production des déclarations, des majorations de retard, des frais de recouvrement, ainsi que des poursuites susceptibles d'être engagées en cas de rétention de la part salariale des contributions.

Cette sanction peut faire l'objet d'une remise dans des cas jugés légitimes ou excusables.

QUESTIONS / RÉPONSES

Un dirigeant peut-il bénéficier de l'assurance-chômage ?

Si le dirigeant n'est pas mandataire social ou gérant de fait, c'est un salarié comme un autre, il doit cotiser à l'ASSEDIC et en cas de licenciement, il percevra les allocations auxquelles son âge et son ancienneté de cotisant lui ouvrent droit. Simplement, comme le plafond de cotisation de l'ASSEDIC est égal à quatre fois le plafond de la Sécurité sociale, ses allocations brutes seront aussi plafonnées à 57,4 % de ce plafond, soit des allocations s'élevant à environ 53 % en net, après les prélèvements de CSG/CRDS notamment.

En revanche, s'il est mandataire social, il ne devrait pas participer à ce régime, et même si son employeur a cotisé pour lui (par erreur), il ne devrait pas percevoir d'allocations. En effet, les dirigeants d'entreprise peuvent s'assurer contre le risque de perte d'emploi auprès d'un des deux organismes privés compétents :

- la GSC (Garantie Sociale des Chefs et dirigeants d'entreprise), créée par le MEDEF et la CGPME : 9 rue Brunel 75017 Paris.
- l'APPI (Association pour la Protection des Patrons Indépendants), créée par le patronat indépendant : 25 bd de Courcelles 75008 Paris.

L'exception concerne les dirigeants, mandataires sociaux, qui ont également une fonction opérationnelle distincte de celle de leur mandat entrant dans le cadre du contrat de travail. Un questionnaire spécifique a été mis en place par les ASSEDIC, et la plus élémentaire des précautions est de l'adresser dûment complété à l'ASSEDIC compétente, (celle du lieu d'affiliation de la société), le plus tôt possible dès le mandat. Si l'ASSEDIC avait émis un avis positif, elle se trouverait engagée et verserait les allocations chômage.
Dans le cas où l'ASSEDIC refuserait de régler les allocations chômage, il convient de lui demander le remboursement des cotisations versées durant les trois dernières années.
Les textes de base sont la Directive UNEDIC n° 80-10 du 28/01/1980, et la circulaire UNEDIC n° 80-22 du 22/05/1980.

En cas de transaction, l'employeur risque-t-il de rembourser à l'ASSEDIC les 6 premiers mois d'indemnisation ?

Au titre de l'article L. 122-14-4, alinéa 2, l'ASSEDIC, qui reçoit tous les jugements prud'homaux, peut demander l'employeur le remboursement des six premiers mois d'indemnisation, lorsque les juges ont estimés le licenciement abusif. Ce risque est loin d'être négligeable, car pour un salarié indemnisé pendant au moins six mois, le coût s'élève à : 57,4 % x 6 = 3,5 mois de la rémunération annuelle brute perçue lors des 12 derniers mois divisée par 12.

En revanche, s'il y a transaction avant le jugement, l'ASSEDIC ne peut demander ce remboursement, même en cas d'absence de cause réelle et sérieuse (Cass. soc. 14/01/1982 n° 79-42.492, sauf si un jugement prud'homal condamnant l'employeur pour licenciement abusif est déjà intervenu. Dans ce cas, la transaction intervenue après le jugement est inopposable à l'ASSEDIC (Cass. soc. 07/06/1995 n° 91-43.234 et n° 91-43.042).

À combien s'élève l'indemnisation de l'ASSEDIC ?

Au second semestre 2002, mais attention car cela change souvent :

- au niveau du montant de l'indemnisation, le brut est égal à 57,4 % du douzième de la rémunération brute perçue lors des 12 derniers mois précédant la fin du contrat de travail. Mais en net, après un certain nombre de prélèvements, dont CSG/CRDS, il faut compter sur environ 53 % net de prélèvement sur ce brut.
- La durée d'indemnisation est fonction de la durée d'affiliation à l'ASSEDIC. Par exemple un salarié ayant été affilié au moins 27 mois au cours des 36 derniers mois perçoit les allocations ASSEDIC pendant 45 mois, (sans dégressivité s'il a adhéré au PARE (Plan d'Aide au Retour à l'Emploi) s'il a entre 50 et 54 ans, 60 mois s'il a plus de 55 ans et au moins 25 ans d'ancienneté professionnelle, mais seulement 30 mois s'il a moins de 50 ans. Il convient de se renseigner après de l'ASSEDIC des détails, mais au minimum pour un ex salarié n'ayant cotisé que 4 mois au cours des 18 derniers mois, la durée d'indemnisation n'est que de 4 mois.

VIII

LES TRANSACTIONS, LE FISC ET L'URSSAF

VUE D'ENSEMBLE

- **A** L'ALIGNEMENT DES POSITIONS DE L'URSSAF ET DU FISC
- **B** L'INDEMNITÉ TRANSACTIONNELLE RÉPARANT LE PRÉJUDICE NÉ DE L'ABSENCE DE MENTION DU DROIT À REPOS COMPENSATEUR SUR LE BULLETIN DE PAIE
- **C** LA LISTE INDICATIVE DES DOCUMENTS RÉCLAMABLES EN CAS DE CONTRÔLE URSSAF
- **D** LE CONTRÔLE DE L'INDEMNITÉ TRANSACTIONNELLE
- **E** LE CARACTÈRE INDEMNITAIRE DE L'INDEMNITÉ TRANSACTIONNELLE VERSÉE À LA SUITE D'UNE DÉMISSION
- **F** LA RÉINTEGRATION D'UNE INDEMNITÉ TRANSACTIONNELLE VERSÉE À LA SUITE D'UN LICENCIEMENT APPARENT
- **G** LA RÉINTÉGRATION D'UN PRÉAVIS

H — LE CARACTÈRE DE DOMMAGES ET INTÉRÊTS DE L'INDEMNITÉ TRANSACTIONNELLE VERSÉE À LA SUITE D'UNE DEMANDE EN JUSTICE

I — LA RÉINTÉGRATION DE LA PARTIE DE L'INDEMNITÉ TRANSACTIONNELLE CONSIDÉRÉE COMME AYANT LE CARACTÈRE D'UNE RÉMUNÉRATION

POUR PLUS DE DÉTAILS

A L'ALIGNEMENT DES POSITIONS DE L'URSSAF ET DU FISC

Il convient que la nature des dommages et intérêts – réparant le seul préjudice moral, et non financier – ne fasse aucun doute aux yeux des contrôleurs et des juges.

D'ailleurs, dès que l'indemnité transactionnelle dépasse de six mois au moins l'indemnité conventionnelle de licenciement, l'URSSAF demande à ses contrôleurs d'examiner les dossiers avec grand soin. (Circ. min. 15/07/1987). Depuis l'article 2 bis de la loi de Finances 2000 et l'article 2 de la loi de Financement de la Sécurité sociale, qui en est le pendant, il y a désormais des cotisations de Sécurité sociale dues sur certaines indemnités de rupture (en plus de la CSG et de la CRDS qui étaient déjà dues).

Cette mesure ne vise en fait que les indemnités transactionnelles très importantes.

Dès lors, la somme du total des indemnités réparatrices de préjudices versées lors du départ transactionnel : l'indemnité conventionnelle de licenciement + un supplément d'indemnité contractuelle ou bénévole + l'indemnité transactionnelle… n'est exonérée que dans la limite du plus élevé des trois montants suivants :

- l'indemnité conventionnelle de licenciement ;
- le double de la rémunération annuelle perçue par le salarié au cours de l'année civile précédant celle de la rupture de son contrat de travail (et non des douze derniers mois), en pratique on se réfèrera à la D.A.D.S. ;
- la moitié du total des indemnités de rupture perçues (indemnité de licenciement + indemnité transactionnelle) ;
- en revanche, dans tous les cas, le montant du total de ces indemnités ne doit pas dépasser la moitié de la première tranche de l'I.S.F. (Impôt de Solidarité sur la Fortune), soit 358 255 euros en 2002 (Art. 885 du C.G.I.).

Au-delà du plus élevé de ces quatre montants, les sommes sont soumises à l'I.R.P.P., aux charges et à la CSG et à la CRDS.

Naturellement, lorsqu'un salarié, souvent un cadre, perçoit des indemnités de rupture de différentes sociétés d'un même groupe qui l'employait, il convient d'appliquer ces règles sur la totalité des indemnités perçues dans le groupe de sociétés.

Si le versement de ces indemnités s'opère sur deux années civiles successives, (par exemple une partie de 300 000 euros versée à la fin de l'année « n » et une partie de 100 000 euros au début de l'année « n + 1 »), les limites précitées s'apprécient en totalisant l'ensemble des versements, (en l'occurrence 400 000 euros).

Pour ces « hautes transactions » qu'elles visent des salariés ou des mandataires sociaux, l'entreprise n'a d'autre choix que de passer par un avocat très spécialisé, si elle veut échapper aux cotisations sociales, et l'intéressé aux impôts.

Dans le cas où une transaction serait signée après une faute grave ou lourde, l'indemnité transactionnelle destinée à éviter ou arrêter tout contentieux, est exonérée de cotisations sociales dans les limites précitées.
L'indemnité transactionnelle après un licenciement pour faute grave n'est exclue de la CSG et de la CRDS, que dans la limite du montant de l'indemnité conventionnelle de licenciement.

B L'INDEMNITÉ TRANSACTIONNELLE RÉPARANT LE PRÉJUDICE NÉ DE L'ABSENCE DE MENTION DU DROIT À REPOS COMPENSATEUR SUR LE BULLETIN DE PAIE

La Cour de cassation, dans un arrêt du 28/03/2002 n° 1207 (RJS 06/02 n° 717) précise que les versements effectués en vertu d'une convention transactionnelle :
- ne correspondaient pas à des droits acquis ayant le caractère de salaire (au sens de l'article L 212-5-1 du C.T.) ;
- mais correspondaient à des dommages-intérêts sanctionnant l'attitude fautive de l'employeur qui avait omis de faire mention sur les bulletins de paie des repos compensateurs auxquels le salarié pouvait prétendre ;
- n'avaient pas à être soumis aux charges sociales.

C LA LISTE INDICATIVE DES DOCUMENTS RÉCLAMABLES EN CAS DE CONTRÔLE URSSAF

Il est conseillé de conserver ces documents au minimum 4 ans, mais de préférence plus longtemps.

• Les documents de Sécurité sociale

Documents de fonctionnement habituel de l'entreprise. Le contrôleur est susceptible de demander production des documents suivants :

- document justifiant de la déclaration unique d'embauche et de toutes les démarches qu'elle implique ;
- duplicata des déclarations annuelles de données sociales (DADS) ;
- tableau récapitulatif joint à la DADS ;
- bordereau récapitulatif des cotisations ;
- documents justificatifs des exonérations de cotisations partielles ou totales pour certains salariés ;
- déclaration d'accident du travail ;
- notification(s) des taux de cotisations accident(s) du travail de la Caisse régionale d'assurance maladie (CRAM) ;
- courrier avec les caisses primaires des salariés ;
- attestation URSSAF des salariés intérimaires dans l'entreprise ;
- justificatifs de frais remboursés ;
- titres de transport ou déclarations sur l'honneur des salariés ;
- documents justifiant que l'entreprise s'est assurée que son ou ses cocontractants se sont acquittés de leurs obligations sociales ou ont satisfait aux réglementations équivalentes de leurs pays d'origine ;
- transactions, lettres de licenciement, dossiers individuels ;
- devis, bons de commande ou de travaux, factures et contrats ou documents commerciaux que les agents de contrôle pourraient réclamer afin de vérifier si des prestations ont été exécutées en violation de l'interdiction du travail dissimulé.

• Situations particulières de l'entreprise

Peuvent également être réclamés :

- en cas de création d'activité : le double de la demande d'immatriculation, le reçu de dépôt du dossier par le Centre de formalités des entreprises, et le courrier de la Caisse régionale d'assurance maladie attribuant le numéro d'immatriculation ;

– en cas de transfert de société, le dossier URSSAF complet ;
– si l'entreprise est située à l'étranger et ne dispose pas de bureau, de succursale ou d'établissement en France, le double du dossier de paiement des cotisations patronales et salariales effectué par le salarié en France.
– en cas de cessation d'activité, la déclaration URSSAF.

• Les documents relatifs à l'existence de la société
Le contrôleur peut aussi exiger :
– les extraits d'immatriculation au registre du commerce et des sociétés (ou au répertoire des métiers) ainsi que les inscriptions modificatives ;
– les statuts de la société et les actes modificatifs.

• Les documents comptables
Il a accès aux :
– bilans, comptes d'exploitation et annexes ;
– livres de comptabilité générale et auxiliaires (avec les pièces justificatives appuyant les écritures).

• Les documents bancaires
Il peut examiner :
– les souches des carnets de chèques bancaires et postaux ;
– les relevés bancaires.

• Les documents fiscaux
Enfin, il a le droit de demander les doubles de déclarations aux services fiscaux.

D LE CONTRÔLE DE L'INDEMNITÉ TRANSACTIONNELLE

La Cour de cassation répète qu'il y a nécessité pour le juge de vérifier si l'indemnité transactionnelle n'englobe pas des éléments de rémunération soumis à cotisations :
« Attendu que, pour annuler ce redressement, l'arrêt attaqué énonce que le libellé de la transaction, *indemnité forfaitaire transactionnelle et définitive*, montre que la somme litigieuse, inférieure à celle réclamée par la salariée, avait pour finalité de compenser le préjudice causé à cette dernière par la perte de son emploi ;

Qu'en statuant ainsi, sans rechercher si cette somme, quelle que soit la qualification retenue par les parties, n'englobait pas des éléments de rémunération soumis à cotisations, la Cour d'appel a privé sa décision de base légale au regard du texte susvisé », (Cass. soc. 30/06/1994, n° 92-14.952).

E LE CARACTÈRE INDEMNITAIRE DE L'INDEMNITÉ TRANSACTIONNELLE VERSÉE À LA SUITE D'UNE DÉMISSION

Parfois, en certaines circonstances, le juge peut attribuer à une indemnité transactionnelle, le caractère de dommages-intérêts. Tel est notamment le cas des « fausses démissions » (cf. *Démission, départ négocié, licenciement* du même auteur chez le même éditeur) :

« Attendu que l'URSSAF fait grief au jugement d'avoir statué ainsi, alors, selon le moyen, d'une part, qu'en cas de démission volontaire, le salarié n'est pas fondé à solliciter de son employeur l'indemnisation d'un quelconque préjudice ; que l'indemnité transactionnelle allouée au salarié en cas de démission volontaire de celui-ci ne peut donc présenter le caractère de dommages-intérêts (...) ;

Mais attendu qu'analysant les circonstances de la cause et recherchant la commune intention des parties, le tribunal a fait ressortir que la somme versée à la salariée présentait le caractère de dommages-intérêts ; qu'il a ainsi légalement justifié sa décision ; d'où il suit que le moyen ne saurait être accueilli en aucune de ses deux branches » (Cass. soc. 18/07/1996, n° 94-22.169).

F LA RÉINTEGRATION D'UNE INDEMNITÉ TRANSACTIONNELLE VERSÉE À LA SUITE D'UN LICENCIEMENT APPARENT

« Mais attendu qu'appréciant les éléments de fait et de preuve soumis à son examen, la Cour d'appel a, par motifs propres et adoptés, constaté que la volonté de la société de se séparer de M. S. n'était pas établie, et que le contrat de travail n'avait pas été rompu, de sorte que les sommes allouées à l'occasion du licenciement apparent de l'intéressé possédaient une nature salariale justifiant leur réintégration dans l'assiette des cotisations ; que le moyen n'est fondé en aucune de ses branches » (Cass. soc. 20/05/1999 n° 97-16.817).

G LA RÉINTÉGRATION D'UN PRÉAVIS

Les juges peuvent faire une appréciation de la commune intention des parties pour décider que l'indemnité de préavis est incluse dans la transaction : « Attendu que la société G. fait grief au jugement d'avoir statué ainsi, alors, selon le moyen, d'une part, qu'aux termes de la transaction qu'elle a conclue avec sa salariée, il avait été prévu que cette dernière renonçait à tous droits et actions dont elle disposait en contrepartie d'une indemnité transactionnelle exclusive des indemnités de licenciement et de préavis ; qu'en décidant que les termes de cet accord étaient ambigus car ils ne permettaient pas de savoir si l'indemnité transactionnelle englobait ou non l'indemnité de préavis, le tribunal a dénaturé cet accord et violé l'article 1134 du Code civil ; et alors, d'autre part, qu'à supposer que l'accord transactionnel ait été ambigu, il appartenait aux juges du fond, pour en déterminer le sens, de rechercher la commune intention des parties ; qu'en déduisant celle-ci d'un document établi par l'employeur seul, le tribunal a violé l'article 1156 du même code ; et alors, enfin, qu'en apposant la mention « compris dans l'indemnité transactionnelle » dans la partie du formulaire ASSEDIC concernant le préavis, l'employeur a clairement affirmé que la salariée avait renoncé au paiement d'une indemnité de préavis en contrepartie de l'indemnité transactionnelle (...) ;
Mais attendu que par une interprétation des actes en cause que leur obscurité rendait nécessaire, le tribunal, auquel il n'était pas interdit de se référer au comportement ultérieur de la société pour apprécier la commune intention des parties, a estimé, par une décision exclusive de dénaturation, que l'indemnité de préavis devait être incluse dans l'assiette des cotisations. » (Cass. soc., 4/12/1997, n° 96-17.078).

H LE CARACTÈRE DE DOMMAGES ET INTERÊTS DE L'INDEMNITÉ TRANSACTIONNELLE VERSÉE À LA SUITE D'UNE DEMANDE EN JUSTICE

« Mais attendu que l'indemnité transactionnelle ayant été versée à la suite d'une demande en justice engagée par la salariée et fondée sur le caractère abusif de son licenciement, en contrepartie de l'engagement de Mme E. à renoncer à toutes réclamations sur ce point, le tribunal a pu décider, abstraction faite de motifs erronés sur l'autorité de la transaction à l'égard de l'URSSAF, que cette indemnité avait bien dans son intégralité la nature de dommages-intérêts qui lui avait été conférée sur le procès-verbal de conciliation. » (Cass. soc. 26/03/1992, n° 89-13.153).

I LA RÉINTÉGRATION DE LA PARTIE DE L'INDEMNITÉ TRANSACTIONNELLE CONSIDÉRÉE COMME AYANT LE CARACTÈRE D'UNE RÉMUNÉRATION

L'indemnité transactionnelle est un élément de rémunération lorsque la transaction est muette sur la nature du litige :
« Attendu qu'à la suite d'un contrôle (...), l'URSSAF a réintégré dans l'assiette des cotisations dues par la société T. (...) l'indemnité transactionnelle allouée à un salarié démissionnaire (...) Mais attendu que l'arrêt relève que la transaction ne comporte aucun élément d'appréciation sur la nature du litige survenu entre les parties après la démission du salarié, qu'elle se borne à indiquer que celui-ci a subi un préjudice moral particulier, et qu'aucun autre élément n'est versé aux débats pour justifier la rupture ; que la Cour d'appel, qui a ainsi procédé à la recherche mentionnée par le moyen, a pu décider, sans encourir le grief dénoncé par la dernière branche du moyen, que cette indemnité s'analysait en un supplément de rémunération, de sorte qu'elle devait être soumise à cotisations ; que le moyen ne peut être accueilli en aucune de ses deux dernières branches » (Cass. soc. 11/05/2001, n° 99-21.103).

Comment procède le contrôleur URSSAF ?

Un décret n° 99-434 du 28/05/1999 a renforcé les droits des employeurs en cas de contrôle URSSAF.
Désormais :
- le contrôle doit obligatoirement être précédé de l'envoi en RAR d'un « avis de contrôle » émanant de l'URSSAF compétente. Cependant, l'URSSAF est dispensée de cet envoi, dans le cadre du travail dissimulé ;
- à l'issue du contrôle, l'employeur doit recevoir « une lettre d'observations », qui doit comporter un certain nombre de mentions obligatoires ;
- le cotisant dispose d'un délai de 30 jours (et non plus de 15 comme avant) pour faire connaître par écrit ses propres observations en réponse à la lettre précitée de l'URSSAF ;
- à l'expiration de ce délai, l'Inspecteur de l'URSSAF dresse, en cas d'infraction à la législation et réglementation relative à la sécurité sociale, un « procès-verbal de contrôle ». Ce P.V. est transmis à l'URSSAF qui décide ou non la mise en recouvrement des cotisations dues ;
- l'absence d'observation vaut « accord tacite » de l'URSSAF et un changement de position de sa part, ne peut dès lors n'avoir d'effet que pour l'avenir.

Nous ne pouvons que conseiller aux employeurs ou responsables des salaires de se procurer le fascicule gratuit « la Charte du cotisant : vos droits et obligations » normalement disponible dans les 105 URSSAF.

IX

LES SALARIÉS PROTÉGÉS ET LES TRANSACTIONS

VUE D'ENSEMBLE

- **A** — UNE TRANSACTION IMPOSSIBLE AVEC UN SALARIÉ PROTÉGÉ, AVANT L'AUTORISATION ADMINISTRATIVE DE LICENCIEMENT DE L'INSPECTEUR DU TRAVAIL
- **B** — DES SANCTIONS TRÈS LOURDES EN CAS DE NON-RESPECT
- **C** — LA PROTECTION DES SALARIÉS PROTÉGÉS
- **D** — QUI SONT LES SALARIÉS PROTÉGÉS ?
- **E** — LA PROCÉDURE DE LICENCIEMENT NON ÉCONOMIQUE D'UN SALARIÉ PROTÉGÉ
- **F** — LES EFFETS D'UN ACCORD TRANSACTIONNEL APRÈS L'AUTORISATION ADMINISTRATIVE
- **G** — TRANSACTION AVANT L'AUTORISATION ADMINISTRATIVE OU EN L'ABSENCE D'AUTORISATION OU MALGRÉ UN REFUS
- **H** — LA SOLUTION LA PLUS EMPLOYÉE ET LA PLUS SÛRE

POUR PLUS DE DÉTAILS

A UNE TRANSACTION IMPOSSIBLE AVEC UN SALARIÉ PROTÉGÉ, AVANT L'AUTORISATION ADMINISTRATIVE DE LICENCIEMENT DE L'INSPECTEUR DU TRAVAIL

La conclusion d'un accord transactionnel ne permet pas à l'employeur d'écarter l'application de la procédure protectrice imposant l'autorisation administrative de licenciement prononcée par l'Inspecteur du travail.
En effet, instituée dans l'intérêt de la collectivité des salariés, la protection légale des Représentants du Personnel ne peut faire l'objet d'une négociation.
Pour ces catégories de personnel, la Cour de cassation considère :
- que le licenciement des salariés protégés ne peut intervenir qu'après avoir obtenu l'autorisation de l'Inspecteur du travail : « ... les salariés investis de fonctions représentatives ne peuvent renoncer par avance aux dispositions protectrices exorbitantes du droit commun instituées en leur faveur » (Cass. soc. 17/03/1993 n° 89-44.738 ; 10/01/1995 n° 90-42.943 ; 05/02/2002 n° 99-45.861 P) ;
- qu'une transaction conclue antérieurement au licenciement est nulle (Cass. soc. 08/06/1999 n° 97-41.232).

B DES SANCTIONS TRÈS LOURDES EN CAS DE NON-RESPECT

À défaut, l'employeur s'expose à des sanctions pénales et civile.

Des sanctions pénales
La transaction ne peut mettre l'employeur à l'abri des poursuites pénales qu'il encourt si la procédure de protection spéciale n'a pas été respectée. En effet, le non-respect de cette procédure constitue une violation des dispositions d'ordre public dont, tant le salarié protégé que l'administration du travail peuvent se prévaloir, en poursuivant à cet effet l'employeur (Cass. crim. 19/10/1993 n° 91-85.795).

Le chef d'entreprise personnellement, (ou son représentant ayant reçu délégation de fait ou écrite), peut être poursuivi devant les juridictions répressives pour délit d'entrave et encourt une peine maximale d'un an d'emprisonnement et/ou une amende de 3 750 euros (7 500 euros en cas de récidive).

Des sanctions civiles

Le licenciement prononcé en méconnaissance de la procédure spéciale de licenciement étant nul, le salarié est fondé à réclamer sa réintégration :

- dans le cas où le salarié ne solliciterait pas sa réintégration, l'employeur devrait alors régler les salaires perdus entre la date du licenciement et celle de la fin de sa protection ;
- dans le cas où le salarié protégé serait réintégré par accord des deux parties, l'employeur devrait alors régler les salaires perdus entre la date du licenciement et celle de la réintégration ;
- si le salarié refusait la réintégration proposée par l'employeur, il recevrait une indemnité égale au montant des salaires dus entre la date de son licenciement et la date de son refus ;
- cette indemnité se cumule avec des dommages-intérêts alloués en raison de l'illicéité du licenciement et dont le montant ne peut être inférieur aux six mois de salaire prévu à l'article L. 122-14-4 du Code du travail par le Conseil des Prud'hommes en raison de l'absence de cause réelle et sérieuse. (Cass. soc. 12/06/2001 n° 99-41.695).
- ces indemnités se cumulent avec l'indemnité de licenciement et le paiement du préavis ;
- rien n'interdit au juge d'allouer en plus au salarié une indemnité réparant l'intégralité du préjudice subi, comme pour bien faire comprendre à l'employeur qu'on ne peut détourner une loi protectrice ;
- ajoutons l'application de l'article 700 du NCPC, pour faire bonne mesure.

À procédure exceptionnelle correspond une indemnisation exceptionnelle

Le licenciement irrégulier d'un représentant du personnel (ou plus largement d'un salarié protégé peut représenter **un coût substantiel** pour l'employeur. Prenons un exemple :

Un salarié, vient d'être élu du Personnel, (Délégué du Personnel, ou au comité d'entreprise ou à la Délégation unique) d'une société. Son mandat commence à courir au 1er juillet. Dès le 2 juillet, il est convoqué à un entretien préalable pour le 5. L'entretien est tenu le 5 juillet, le salarié reçoit la notification de son licenciement pour faute grave le 8 juillet. L'employeur ne sollicite pas l'autorisation administrative de licenciement. Le DRH considère qu'eu égard à l'attitude du salarié, la saisine de l'autorité administrative n'est pas nécessaire. L'intéressé a en effet traité son supérieur hiérarchique de « gros C.. et de sale C... » devant les salariés et la clientèle de l'entreprise, l'a menacé de lui casser la figure et a abandonné immédiatement son poste de travail. (Notons que traiter publiquement d'un tel qualificatif son hiérarchique justifie de la faute grave, soit pour injure publique, soit pour divulgation d'un secret de l'entreprise !)

- ➢ Salaire mensuel brut moyen perçu au cours des 12 derniers mois : 2 000 euros.
- ➢ Statut : non-cadre.
- ➢ Ancienneté : 15 ans.
- ➢ Âge : 40 ans, (pas de contribution Delalande).
- ➢ Indemnité conventionnelle : 1/3 de mois de salaire par année d'ancienneté.

– Montant de la rémunération jusqu'à la fin de la période de protection : 30 mois, (montant arrondi compte tenu du licenciement en début de mois), soit avec 50 % de charges sociales 45 mois	
– Indemnité de licenciement : 15/3 = ...	5 mois
– Paiement du préavis de 2 mois + 10 % de congés payés sur le préavis Soit 2,2 mois, avec 50 % de charges sociales	3,3 mois
– Indemnité réparant le préjudice : 6 mois minimum, imaginons des juges cléments :	6 mois
– Indemnité légale pour non-respect de la procédure (moins d'une semaine entre la convocation et l'entretien, donc précipitation fautive)	1 mois
– Article 700 du NCPC	0,7 mois
– Coût de l'avocat de la société...	2 mois
– Soit au total	**63 mois**

Soit enfin 63 mois x 2 000 euros = 126 000 euros (826 500 francs !), pour un salarié tout récemment protégé dont la rémunération annuelle ne s'élève qu'à 24 000 euros par an. Bravo le DRH ! En respectant la procédure et en prenant le temps nécessaire, l'employeur aurait donc fait une économie substantielle, puisque l'on peut imaginer que les agissements de ce salarié justifiaient un licenciement pour faute grave, et que probablement l'Inspecteur du travail aurait dû autoriser le licenciement. Mais rien n'est moins sûr.

Bref tout ceci est très lourd. C'est pourquoi, *a priori*, la négociation d'une transaction ne peut se faire sans risque qu'après avoir obtenu l'autorisation de licenciement. La transaction postérieure à un refus de licenciement de l'Inspecteur du travail ou la transaction en l'absence d'autorisation administrative de licenciement est un très sûr moyen pour l'employeur d'être terriblement sanctionné, monétairement sur le plan civil, pénalement, et que dire de l'exploitation syndicale et médiatique !
Mais, la pratique et l'expérience nous apprennent que dans la plupart des cas, si l'employeur veut avoir la certitude d'obtenir l'autorisation administrative, il faut bien qu'il y ait un accord entre l'employeur et le salarié protégé avant de respecter la procédure du licenciement d'un salarié protégé. Nous verrons plus loin comment procéder.

C LA PROTECTION DES SALARIÉS PROTÉGÉS

Les Représentants du Personnel ne doivent pas subir dans leur situation personnelle de salarié les conséquences des positions qu'ils prennent dans l'exercice de leurs fonctions représentatives. À cet effet, le législateur a institué une procédure particulière pour leur licenciement auquel la jurisprudence assimile un certain nombre d'autres situations.

La procédure spéciale s'applique en cas de licenciement auquel la jurisprudence assimile les autres cas de rupture du contrat à l'initiative de l'employeur. Ainsi, il est interdit à ce dernier de rompre le contrat par tout autre moyen (jurisprudence constante), même à la demande du salarié.

La procédure spéciale s'applique, avec des adaptations, en cas de rupture d'un contrat à durée déterminée, de transfert partiel d'entreprise ou de mise à pied pour faute grave.

La procédure protectrice s'impose à l'employeur pour tout licenciement qu'il soit individuel ou collectif y compris lorsqu'il résulte de l'impossibilité de reclasser le salarié devenu inapte après une maladie.

La faute grave ou lourde du salarié n'exonère pas l'employeur du respect des dispositions spéciales de protection, elle lui permet seulement de prononcer la mise à pied immédiate de l'intéressé.

Aucune modification de son contrat ou de ses conditions de travail, quelle qu'en soit la cause, ne peut être imposée à un salarié protégé. Il en résulte qu'en cas de refus d'une telle modification, l'employeur doit :
- soit réintégrer l'intéressé dans son emploi antérieur. Le juge des référés est compétent pour ordonner cette réintégration ;
- soit engager la procédure spéciale de licenciement.

Une modification imposée contre son gré à un représentant du personnel ouvre droit pour ce salarié à sa réintégration dans son poste ou, en cas d'impossibilité absolue, dans un poste équivalent. Par ailleurs, elle est constitutive du délit d'entrave, sauf si l'employeur apporte la pleine justification de la mesure.

À l'issue de la période de protection, l'employeur recouvre le droit de licencier selon la procédure de droit commun.

D QUI SONT LES SALARIÉS PROTÉGÉS ?

La cessation ou la modification d'une clause essentielle du contrat de travail, à l'initiative de l'employeur, d'un salarié protégé est subordonnée à UNE AUTORISATION ADMINISTRATIVE PRÉALABLE.

Le **licenciement** (individuel ou collectif) **prononcé sans** cette **autorisation** est **nul**. Le salarié peut demander sa réintégration.	La **méconnaissance** ou le **non-respect** de cette disposition protectrice constitue un **délit d'entrave**

Quels sont les salariés protégés ?	Pendant combien de temps ?
• Délégués du personnel, titulaires et suppléants. • Élus du comité d'entreprise, titulaires et suppléants. • Élus de la Délégation Unique du personnel • Représentants du personnel au C.H.S.C.T.	Pendant le mandat et les **6 mois** suivant la fin de ce mandat
• Représentants syndicaux ayant exercé une fonction pendant au moins 2 ans.	Pendant le mandat et les 6 mois qui suivent la fin du mandat
Salariés demandant la mise en place des institutions. Conditions : • Un seul salarié par organisation syndicale représentative. • Le premier salarié non mandaté par un syndicat. • Uniquement si l'entreprise a l'effectif requis. – Si demande des élections du comité d'entreprise – Si demande des élections des délégués du personnel	– 3 mois après l'envoi de la lettre RAR – 6 mois après l'envoi de la lettre RAR

Candidats aux fonctions électives non élus ⇨Élection du comité d'entreprise ⇨Élection des délégués du personnel.	 – 3 mois à compter de la lettre d'envoi des candidatures. – 6 mois à compter de la lettre d'envoi des candidatures.
• Anciens délégués syndicaux et conseillers du salarié ayant exercé leurs fonctions pendant au moins douze mois.	12 mois à compter de la cessation de leurs fonctions.
• Délégués syndicaux et conseillers du salarié.	Pendant le mandat.
• Conseillers prud'homaux salariés ou représentants des employeurs au Conseil des Prud'hommes.	Durée du mandat et les 6 mois qui suivent celui-ci. Les candidats non élus sont protégés pendant les 3 mois suivant la publication des listes.
• Administrateurs des caisses de Sécurité sociale.	Pendant la durée du mandat et les 3 mois qui suivent, les candidats non élus, pendant les 3 mois suivant l'élection.
• Salariés mandatés par une organisation syndicale pour négocier et signer un accord d'entreprise.	Pendant le mandat et les 6 mois suivant la fin de ce mandat.

E LA PROCÉDURE DE LICENCIEMENT NON ÉCONOMIQUE D'UN SALARIÉ PROTÉGÉ

À l'exception des délégués syndicaux, les salariés protégés ne peuvent être licenciés qu'après avis du comité d'entreprise et autorisation de l'Inspecteur du travail. En l'absence de comité, l'Inspecteur du travail est saisi directement.

Pour les délégués syndicaux, seule l'autorisation de l'Inspecteur du travail est requise, sauf s'ils exercent simultanément d'autres mandats, auquel cas l'avis préalable du comité s'impose également.

La consultation du comité d'entreprise. L'avis du comité, lorsqu'il est requis, doit être obtenu avant la saisine de l'Inspecteur du travail et la décision de licenciement. Il est exprimé à bulletin secret après audition du salarié concerné.

> Cette procédure s'étend :
> – Au licenciement individuel y compris pour faute ;
> – À la modification unilatérale d'une clause essentielle du contrat de travail.

① Préparation du dossier
Définir les faits fautifs réels et sérieux.
Dates et preuves.
Attention : respect du délai de 2 mois si licenciement disciplinaire

② Convocation à un entretien préalable
Préciser l'objet de la convocation : date, heure et lieu du rendez-vous et la possibilité pour le salarié de se faire assister.
(Lettre RAR)

③ L'entretien préalable
- Date : délai suffisant (4-5 jours après la convocation).
- Explication des motifs.
- Recueil des explications.

⑤ Réunion du C.E.
Après avoir entendu le salarié concerné, le C.E.doit donner un AVIS en votant à bulletin secret, le Président ne votant pas.
Si le salarié visé est membre du C.E. il est remplacé par son suppléant, il ne vote pas.
Le vote est acquis à la majorité des présents.

④ Convocation du C.E.
(sauf quand le licenciement concerne un délégué syndical)
- L'employeur doit faire connaître sa demande au moins 3 jours avant la réunion.
- Si mise à pied de l'intéressé, le CE doit se prononcer dans un délai de 10 jours à compter de la date de mise à pied.

⑥ Demande d'autorisation administrative auprès de l'Inspecteur du Travail dont dépend l'établissement

Dans les 15 jours qui suivent la consultation du CE ou dans les 48 h. s'il y a eu mise à pied.
Envoi par lettre RAR énonçant les motifs du licenciement envisagé et accompagné du procès-verbal du C.E. quand il est requis.

- Si licenciement d'un délégué syndical : Saisine directe de l'inspecteur du travail.
- Si mise à pied du délégué syndical : Notification de la sanction et demande d'autorisation dans les 48 heures suivant la prise d'effet de la mise à pied.

⑦ Enquête contradictoire de l'inspecteur
Le salarié peut se faire assister d'un représentant de son syndicat.
Si défaut d'enquête, possibilité d'annulation de la décision administrative
Délai de réponse de l'inspecteur du travail : 15 jours compter de la demande
(8 jours en cas de mise à pied).

⑧ Si autorisation accordée, notification du licenciement en RAR

L'autorisation de l'Inspecteur du travail

- **La demande d'autorisation.** La demande d'autorisation, énonçant les motifs du licenciement, est adressée à l'Inspecteur du travail par lettre recommandée avec accusé de réception. Lorsque l'avis du comité est requis, le procès-verbal de la réunion au cours de laquelle il s'est prononcé est joint à la demande. Cette dernière doit être présentée dans les quinze jours suivant cette réunion (sauf mise à pied).

- **L'enquête contradictoire.** L'Inspecteur du travail (ou, en cas d'empêchement, le contrôleur) procède à une enquête contradictoire. Celle-ci suppose l'audition personnelle et individuelle de l'employeur et du salarié. Ce dernier peut sur sa demande se faire assister d'un représentant de son syndicat.

- **Le contrôle et la décision.** L'Inspecteur statue dans un délai de 15 jours à compter de la réception de la demande d'autorisation (10 jours en cas de mise à pied) à moins que les nécessités de l'enquête ne justifient une prolongation de ce délai. Il contrôle le respect de la procédure par l'employeur, la réalité du motif invoqué et examine si la mesure envisagée est en rapport avec le mandat de l'intéressé.

- **La décision de l'inspecteur est motivée.** Elle est notifiée à l'employeur et au salarié ainsi que, lorsqu'il s'agit d'un délégué syndical ou d'un représentant syndical au comité d'entreprise, à l'organisation syndicale concernée, par lettre recommandée avec demande d'avis de réception. L'administration n'a d'autre choix que d'autoriser ou de refuser l'autorisation sollicitée.

- L'autorisation permet à l'employeur de licencier sans attendre l'expiration du délai de recours, celui-ci n'étant pas suspensif. En revanche, si l'autorisation est refusée, le salarié doit être maintenu (ou réintégré s'il y a eu mise à pied) dans son emploi initial avec tous les avantages antérieurs.

- L'absence de décision dans les délais impartis ne fait pas naître une décision implicite d'autorisation. Le silence gardé par l'inspecteur du travail pendant quatre mois vaut décision implicite de rejet de la demande. Il en va de même pour un recours hiérarchique devant le ministre du Travail qui dispose de quatre mois pour statuer. Une absence de réponse dans les quatre mois, vaut décision de rejet.

F LES EFFETS D'UN ACCORD TRANSACTIONNEL APRÈS L'AUTORISATION ADMINISTRATIVE

On pourrait s'étonner *a priori* d'envisager la possibilité de conclure une transaction dans le cas où le licenciement est autorisé par l'Inspection du travail puisque, dans pareille hypothèse, le bien-fondé de cette mesure a été reconnu. La transaction est pourtant utile car l'autorisation administrative ne règle pas tous les aspects du licenciement.
Sauf à obtenir l'annulation de cette autorisation en exerçant un recours hiérarchique (auprès du ministre du Travail) et/ou un contentieux (devant les juridictions administratives), la décision de l'Inspecteur signifie que les faits invoqués par l'employeur sont réels, qu'ils sont suffisamment sérieux pour justifier le licenciement, que cette mesure est sans rapport avec le mandat détenu ou l'appartenance syndicale et que la procédure a été respectée (entretien préalable, consultation du comité d'entreprise).
En revanche, l'autorisation n'a aucune incidence sur la régularité des mentions portées sur la lettre de licenciement (par exemple le droit à priorité de réembauchage lorsqu'il s'agit d'un licenciement pour motif économique), la validité d'une clause de non-concurrence, des indemnités de toute nature dues au salarié lors de son départ ou liées à l'exécution du contrat de travail (rappel de salaire, primes) etc.
Autant de litiges susceptibles d'être portés devant la juridiction prud'homale ! La transaction trouve là son terrain d'élection : le règlement amiable des conséquences pécuniaires de la rupture.

Règlement des conséquences pécuniaires
Rien n'interdit de signer une transaction entre employeur et le représentant du personnel après la notification du licenciement. Cet accord transactionnel permet de régler les conséquences pécuniaires de la rupture du contrat de travail (Cass. soc. 10/01/1995 n° 90-42.943).

Droit à une réintégration
Si un tel accord transactionnel est effectivement conclu après la rupture effective du contrat de travail, celui-ci ayant pour objet de réparer les conséquences du licenciement, il fait perdre, au salarié protégé, son droit à réintégration (Cass. crim., 03/05/1994 n° 91-86.047, Cass. soc. 05 /02/2002 n° 99-45.861 n° 505 P).

Recours administratif
Toutefois, la conclusion d'un accord transactionnel n'empêche pas le salarié protégé de former un recours pour excès de pouvoir contre la décision de l'Administration du travail qui a autorisé son licenciement (CE, 02/02/1996 n° 152.406).
La situation est différente si la transaction intervient alors que le salarié a déjà engagé une action en justice. En effet, conformément à la jurisprudence précitée, le salarié protégé ne peut renoncer par avance à se prévaloir du bénéfice de la protection spéciale.
Il peut, en revanche, en cours d'instance, se désister à l'occasion d'un accord transactionnel, du recours administratif qu'il a engagé postérieurement à son licenciement (Cass. soc. 19/05/1998 n° 96-40.461).

La transaction ne fait donc que régler, dans ce cas, les seuls aspects contractuels de la relation de travail et non ce qui découle du mandat antérieurement détenu.

Il serait préférable de s'assurer que l'autorisation de licenciement est définitive avant de conclure une transaction dans cette hypothèse : cette certitude est acquise une fois expiré le délai de recours administratif (2 mois à compter de la notification de la décision de l'Inspecteur) dès lors que ni le salarié, ni l'organisation syndicale à laquelle le cas échéant il appartient, n'ont engagé de recours hiérarchique ou contentieux. En effet, la transaction ne peut contenir de clause interdisant au salarié d'exercer un recours contre la décision administrative autorisant son licenciement (CE, 02/02/1996 n° 152.406), car nul ne peut renoncer un droit non encore ouvert.
Toutefois, la Cour de cassation a jugé qu'était valable la transaction conclue après autorisation et emportant renonciation à recours, alors qu'un précédent refus d'autorisation avait été annulé par le tribunal administratif et qu'un recours contre le jugement était devant le Conseil d'Etat (Cass. soc. 19/05/1998 n° 96-40.461).

Et maintenant une histoire : un salarié protégé avait été licencié pour motif économique sur autorisation de l'Inspection du travail. Ce salarié avait instruit un recours administratif, mais le ministre du Travail avait confirmé le licenciement et le Tribunal administratif aussi. Mécontent de ces trois décisions, ce salarié obstiné a obtenu une annulation de son licenciement par le Conseil d'Etat. Donc, dès lors, il avait droit à sa réintégration. Une transaction avait alors été signée entre lui et son employeur, au terme de laquelle il renonçait définitivement à solliciter sa réintégration. Ayant contesté son engagement personnel, malgré sa signature, il a sollicité quand même sa réintégration au prétexte que « nul ne peut renoncer à un droit ». La morale est sauve, la Cour de cassation en un arrêt du 05/02/2002 (n° 99-45.861 P) l'a débouté, car la transaction avait bien été signée après la notification de son licenciement, et qu'il n'y avait aucune manœuvre dolosive de la part de l'employeur.

G — TRANSACTION AVANT L'AUTORISATION ADMINISTRATIVE OU EN L'ABSENCE D'AUTORISATION OU MALGRÉ UN REFUS

Il s'agit là de la situation la plus difficile : l'employeur a sollicité une autorisation de licencier et a essuyé un refus, ou encore, aucune autorisation n'a été demandée. En principe, dans cette situation le licenciement est impossible sauf à entraîner les sanctions civiles et pénales évoquées plus haut.
Le licenciement intervenant sans autorisation est nul et constitue une voie de fait. Par conséquent, le juge des référés est compétent pour ordonner la réintégration. Les mêmes observations valent en cas d'annulation par le ministre ou le juge administratif d'une autorisation accordée par l'Inspecteur du travail.
Même si le salarié a signé une transaction par laquelle il renonce à tout recours, le licenciement est obligatoirement nul (Cass. soc. 1/06/1994 n° 93-40.040 ; 03/04/2001 n° 98-46.419).

Mais la transaction conclue dans ce contexte demeure valable sous certaines limites :

- elle ne peut que régler les conséquences civiles de la rupture intervenue (Cass. crim., 04/02/1992 n° 90-82.330) ;
- elle ne peut contenir de dispositions aux termes desquelles le salarié renonce aux dispositions d'ordre public instituées en faveur des représentants du personnel (CE, 02/02/1996 n° 152.406, Cass. soc., 02/02/2002 n° 99-45.861 P) ;
- elle ne protège pas l'employeur contre d'éventuelles poursuites pénales.

Néanmoins, dans le cadre d'une transaction, le salarié peut renoncer, moyennant le versement de l'indemnité transactionnelle, à poursuivre son employeur pour avoir refusé de le réintégrer. Cette possibilité a été admise par la chambre criminelle (Cass. crim. 04/02/1992 n° 90-82.330). Il paraît possible d'étendre la solution dégagée par cet arrêt au cas où le salarié n'a

pas encore sollicité sa réintégration. En effet, la réintégration est le corollaire de la nullité du licenciement intervenu sans autorisation : elle ne peut être détachée de celle-ci pour constituer un droit distinct, à l'instar de la priorité de réembauchage en cas de licenciement pour motif économique. Dès lors qu'il transige, le salarié accepte de renoncer à se prévaloir de cette nullité au profit d'une indemnité, ce qui entraîne, renonciation à sa réintégration. C'est ce qu'a admis très clairement la chambre sociale de la Cour de cassation (Cass. soc. 02/02/2002 n° 99-45.861 P) qui, après avoir rappelé que les salariés protégés ne peuvent renoncer par avance à leur protection, énonce que « rien ne leur interdit, lorsqu'un licenciement même illégal leur a été notifié, de renoncer à réclamer une réintégration et de conclure avec l'employeur une transaction... ».
La transaction permet par ailleurs d'organiser le départ d'un salarié réintégré. Dans une affaire récente, la validité d'une transaction conclue avec un salarié dans ce sens vient d'être configurée : un salarié protégé avait été à plusieurs reprises licencié mais à chaque fois l'autorisation administrative de licenciement avait été annulée. Il était donc réintégré. Lors de la dernière réintégration, l'employeur lui propose une transaction qu'il signe, puis conteste. À tort, d'après la Cour de cassation : « rien n'empêche (en effet) le salarié protégé licencié de conclure avec l'employeur un accord librement consenti » (Cass. soc., 10/01/1995 n° 90-42.943).

Il est préférable d'inclure expressément dans le texte de la transaction la renonciation à la réintégration, afin d'éviter toute ambiguïté à ce sujet et de dissuader le salarié de réclamer cette réintégration dans l'idée d'obtenir un avantage supplémentaire. Il convient de préciser toutefois que les transactions négociées dans ce contexte (refus ou absence d'autorisation) s'avèrent difficiles (et très chères !) en raison de la pression pénale que peut exercer le salarié, l'Inspecteur du travail ou l'organisation syndicale intéressée : il ne peut donc s'agir d'une stratégie de rupture.

H LA SOLUTION LA PLUS EMPLOYÉE ET LA PLUS SÛRE

Rares sont les cas où l'employeur rédigerait une transaction, certes subordonnée à l'autorisation administrative, car il serait bien obligé d'en fournir un exemplaire signé au salarié protégé. On ne peut imaginer qu'un salarié protégé se contente d'une promesse verbale, car chacun sait que « les promesses n'engagent que ceux qui les croient. » La confiance ne peut régner.

Et comment imaginer que l'employeur puisse, lui, avoir confiance de l'absence de manœuvre de son salarié ? Le nombre de cas où il y eut une exploitation syndicale ou individuelle, et éventuellement un chantage, font que cette solution doit être écartée.

La solution la plus sûre qui doit être employée est la rédaction d'un acte unique, établi par un avocat spécialisé ou entre deux avocats représentant les parties, par lequel l'employeur s'engage, en cas d'autorisation administrative à établir une transaction dont les conditions sont parfaitement préétablies. Le salarié s'engageant quant à lui :
- à demander l'avis favorable du Comité d'Entreprise ou de la Délégation unique ;
- à solliciter l'accord de l'Inspecteur du travail ;
- à renoncer à tout recours envers son employeur ;
- à renoncer à tout recours envers l'Administration du travail.

Cette solution est si courante, que par une instruction de Martine Aubry, alors ministre du Travail, les Inspecteurs du travail, dans ces cas d'accord préalable entre les parties, sont incités à vérifier si le salarié est bien d'accord, et si les montants sont suffisants. Il est d'ailleurs assez fréquent que l'Inspecteur concerné demande à l'avocat ayant cet acte unique, une confirmation, et plus rarement copie de cet engagement.

Naturellement, dans ce cas-là, l'autorisation est quasi certaine, sauf si le salarié protégé revenait sur son engagement.

La conséquence est que ceci a un prix, bien connu des spécialistes. Par exemple France-soir dans son numéro du 05/12/2001 a consacré une longue enquête à cette pratique, qualifiant ce sujet de « tabou dans le monde du travail », mais indiquant que tous les syndicats « finissent par craquer ».

Quelle est la conséquence si le licenciement d'un salarié protégé est prononcé pour un autre motif ou d'autres faits que ceux présentés à l'Inspecteur du travail ?

Le licenciement d'un salarié protégé ne peut être prononcé que pour les faits qui ont motivé l'autorisation administrative de l'Inspecteur du travail. À défaut, le licenciement est considéré comme nul, faute d'autorisation, (Cass. soc. 11/06/2002 n° 00.40.625 P+B)

Pour une mise à la retraite, l'employeur doit-il obtenir l'autorisation administrative ?

Oui juge la Cour de cassation.

À combien peut-on estimer la transaction d'un salarié protégé ?

Certains avancent qu'on tend à doubler ce que l'intéressé pourrait obtenir des Prud'hommes après plusieurs années en cas d'appel. C'est probablement un peu exagéré, mais si les refus d'autorisation administrative des Inspecteurs du travail ne s'élèvent qu'à 15 % des demandes, les spécialistes savent bien que ces départs sont « achetés », sauf en cas d'énormes fautes graves ou lourdes.

Quelles sont les statistiques concernant les licenciements des salariés protégés ?

- Il y eut 12 680 demandes de licenciement de salariés protégés en 1998, (1993 : 18.804 ; 1995 : 13.516 ; 1996 : 14.066) ; 1997 :15.921)

- 64% visent des non-syndiqués
- 67 % des demandes pour motif économique
- 86 % des demandes sont accordées
  - 1.727 refus par l'Inspecteur du travail
  - 37 % de recours devant le Ministre par l'employeur
  - 13 % de recours devant le Ministre par le salarié
  - 50 % de non-recours.
- Sont confirmés par le ministre :
  - 84 % des refus de licencier ;
  - 71 % des autorisations de licencier.

Concernant les licenciements économiques, le ministre du Travail, tout comme la justice, est de plus en plus exigeant en matière de reclassement. L'employeur doit démontrer son impossibilité de reclasser le salarié protégé.

Généralement, un salarié protégé licencié abusivement se voit attribuer, en particulier, une indemnité égale à la durée de son mandat restant à courir. Qu'en est-il pour un Conseiller prud'hommes élu pour 5 ans ?

Naturellement, cette question s'est présentée à la justice. Nous avons eu une réponse par deux arrêts : Cass. soc. 02/05/2001 n° 98-46.319 P+B, par laquelle la salariée VRP, conseiller prud'hommes réélue, avait demandé l'annulation de sa transaction, et Cass. soc.12/06/2001 n° 99-41.695 P+B.

Si son contrat est jugé rompu illégalement, et qu'il ne demande pas sa réintégration, le salarié protégé a le droit d'obtenir :

- d'une part, ses indemnités de rupture si celles-ci n'avaient pas été réglées ;
- dautre part le montant de la rémunération qu'il aurait dû percevoir entre la date de son éviction et l'expiration de la période de protection, dans la limite cependant de la durée de protection accordée aux Représentants du personnel, soit 6 mois après la fin du mandat (Art. L. 514-2-2 du C.T.). Cette durée du mandat étant de 5 ans, bonjour les dégâts !
- Et enfin, une indemnité réparant l'intégralité du préjudice résultant du caractère illicite du licenciement et au moins égale aux six mois prévus par l'article L. 122-14-4 du Code du travail.

Toutefois le total de ces deux indemnités ne saurait dépasser 24 mois (durée du mandat des élus) + 6 mois = 30 mois (Cass. soc. 28/03/2000 n° 97-44.373). Et peu importe si le Conseiller prud'homal est réélu.
Notons que le juge est dispensé de chercher à savoir si le licenciement avait ou non une cause réelle et sérieuse, et qu'une transaction signée devant les magistrats prud'homaux a aussi pu être annulée.

X

LE CALCUL D'UNE TRANSACTION

VUE D'ENSEMBLE

COMMENT SE CALCULE UNE TRANSACTION ?
Deux points de vue sont à prendre en compte :
- **le point de vue du salarié ;**
- **le point de vue de l'employeur.**

A → **LE CALCUL DU POINT DE VUE DE L'EMPLOYEUR**

B → **LE CALCUL DU POINT DE VUE DU SALARIÉ**

POUR PLUS DE DÉTAILS

A LE CALCUL DU POINT DE VUE DE L'EMPLOYEUR

Avant de prendre une décision qui pourrait s'avérer être irréfléchie, il s'agit, pour l'employeur, d'estimer en toute sérénité les risques financiers encourus en cas d'action contentieuse du salarié, sans omettre certains postes de coûts. Le tableau ci-après permet d'apporter une réponse.

Certes, lors d'un départ, la décision de l'entreprise pour conclure ou non une transaction et pour en fixer les conditions financières et autres ne reposera pas sur ce seul aspect financier.
Bien d'autres éléments sont à prendre en considération. Mais ce seul aspect financier doit être estimé au plus près.

Le tableau d'analyse et de calcul joint devra être conservé dans la sous-chemise du dossier du salarié parti, où sont conservées les différentes pièces relatives à son départ de l'entreprise. Il est d'un intérêt majeur en cas de contrôle URSSAF par exemple.
Car souvent le contrôleur URSSAF ne prend en compte que la totalité des sommes perçues par le salarié, et dans certains cas, ce n'est pas à son niveau de vie qu'il les compare, mais à son niveau d'envie.
Or, il faut lui donner un argument pour prendre en compte le risque économique de l'employeur, et le présent tableau de calcul y aide.

Pour le salarié, ce tableau des risques encourus par l'employeur peut l'aider dans sa négociation.

Affaire M. **c/ Société**

ESTIMATION DES RISQUES ENCOURUS PAR L'ENTREPRISE EN CAS DE PROCÈS

Parlons de l'hypothèse où l'Entreprise :

- *régulariserait sans erreur le solde de tout compte ;*
- *réglerait l'indemnité conventionnelle de licenciement sans erreur de calcul ;*
- *réglerait l'indemnité compensatrice de congés payés non pris, de repos RTT non pris ;*
- *réglerait l'indemnité compensatrice de repos compensateur non pris ;*
- *ne devrait plus aucune somme, telles que des heures supplémentaires ou des frais ;*
- *et remettrait le certificat de travail et l'imprimé ASSEDIC.*

1. ABSENCE DE CAUSE RÉELLE ET SÉRIEUSE, licenciement non justifié

La réparation minimum a été fixée par le Code du Travail à 6 mois de rémunération dans les entreprises occupant habituellement au moins 11 salariés (Art. L.122-14-4, al.1), et si le salarié a au moins 2 ans d'ancienneté le jour de la notification de la rupture (Art. L.122-14-5). Dans les autres cas, l'indemnité est calculée en fonction du préjudice subi (Art. L122-14-6 in fine). Notons que ces 6 mois minimum visent un jeune célibataire ayant 2 ans d'ancienneté.

Dans le cas présent, les Prud'hommes tiendraient probablement compte :

- de l'âge :
- de l'ancienneté :
- des charges de famille :
- de l'étroitesse du métier :
- du contexte vexatoire ayant entouré la rupture :
- de...

Le salarié licencié abusivement, subit un préjudice d'autant plus important si certains de ces critères sont remplis, ce qu'un avocat spécialisé ne manque jamais de faire valoir devant des Prud'hommes, soit au minimum : **6 mois**

Mais on ne peut raisonnablement écarter une condamnation à au moins ....mois

2. REMBOURSEMENT A L'ASSEDIC DE 6 MOIS D'INDEMNISATION

En cas d'absence de refus par les Prud'hommes d'admettre une cause réelle et sérieuse, l'employeur se voit condamner en application de l'article L. 122-14-4 (al.2) à rembourser à l'ASSEDIC les six premiers mois d'indemnisation, soit (57,4% x 6) ....**3,5 mois**

3. CONTRIBUTION DELALANDE POUR LES PLUS DE 50 ANS

Si le salarié a plus de 50 ans lors de la date de notification de la rupture de son contrat, une contribution sera la plupart du temps due à l'ASSEDIC, s'élevant entre 1 et 12 mois ....**mois**

4. FRAIS DE DÉFENSE ET D'AVOCAT

Généralement, les spécialistes estiment dans les entreprises, que les frais indirects internes en cas de Prud'hommes, s'élèveront à peu près au double des honoraires de défense. Soit, selon le temps passé, le nombre d'audiences et la notoriété de l'avocat, un coût réel que l'entreprise peut estimer elle-même, au moins égal à :

....mois

5. APPLICATION DE L'ARTICLE 700 du Nouveau Code de Procédure Civile

Il serait probablement demandé entre 1 500 et 3 000 euros, soit..........................mois

TOTAL DU RISQUE ....minimum = ________ mois
TOTAL DU RISQUE ....maximum = ________ mois
TOTAL DU RISQUE ....médian = ________ mois

Soit, pour l'employeur, une provision en euros s'élevant à :

B LE CALCUL DU POINT DE VUE DU SALARIÉ

Si les risques financiers qu'un employeur pourrait encourir en cas de procès ne sont pas à négliger dans une négociation, la véritable question est de savoir :

- combien le salarié pourrait espérer obtenir d'une action contentieuse, avec un minimum et un maximum en cas de procès gagné par ses soins devant un Conseil de Prud'hommes ;
- mais aussi, combien il risquerait d'avoir perdu s'il n'obtenait pas satisfaction (frais d'avocat ou de défense et condamnation aux dépens et en application de l'article 700 du Nouveau Code de Procédure Civile).

Il convient également de prendre en compte le fait :

- que s'il gagnait devant les Prud'hommes, son entreprise pourrait toujours faire appel, et là, alors qu'il pouvait se défendre seul dans une instance prud'homale, il serait presque obligé de prendre un avocat qui lui demanderait des honoraires. Encore qu'il n'est pas interdit pour le salarié ou l'employeur de plaider seul sans recours à un avocat ou un conseiller syndical ;
- que s'il perdait, il pourrait faire appel, mais en commettant un avocat, pour les raisons évoquées ci-dessus.

Le tableau d'analyse joint permet de ne rien oublier, mais il se limite à la seule procédure prud'homale sans estimer l'impact d'un éventuel appel, qui est très probable dans le cas où le salarié gagnerait d'importantes sommes aux Prud'hommes, ou si l'employeur faisait appel par principe pour retarder le paiement.

Notons que si l'aspect financier ne doit pas être occulté en estimant raisonnablement les risques et en pesant ses chances, avant d'intenter une action prud'homale, bien d'autres facteurs sont également à prendre en considération par le salarié, par exemple :

- par une transaction, les rapports avec l'entreprise sont soldés, « on tire un trait » et le salarié pourra plus sereinement se consacrer à son avenir sans avoir à revenir souvent sur un passé parfois amer ;
- par une transaction, le salarié y gagne une réputation plus forte que s'il a dû attaquer son ex-employeur en justice, ce qu'un futur employeur peut facilement savoir ;
- par une transaction, l'employeur peut renoncer à le poursuivre ;
- par une transaction, le salarié élimine les risques de devoir consacrer une demi-journée pour la conciliation, une demi-journée pour la séance de jugement, (minimum si tout se passe bien, car il peut y avoir un report, un défaut de procédure, un départage, un conseiller rapporteur...), et tous les temps de préparation.

La plus grande erreur que l'on rencontre parfois, (outre le salarié qui n'avait pas pris en compte le fait des dépenses à engager), est celle du salarié surestimant sa probabilité de gagner, finissant par « prendre ses désirs pour des réalités », et qui n'a pas relu *Perrette et le pot au lait*, bref, qui se fait des illusions sur l'issue de son procès.

Un salarié doit toujours avoir présent à l'esprit :

- que son ex-société commettra probablement un excellent avocat, dont les honoraires entreront dans ses frais généraux ;
- et que si lui se fait assister et conseiller par un avocat, plus celui-ci sera expérimenté et renommé, plus les honoraires à acquitter seront élevés, et que s'il commet un débutant, il aura à débourser des honoraires moindres, mais avec des risques aggravés.

Un procès n'est jamais gagné d'avance, ni par une partie, ni par l'autre.

Et selon l'adage ou le proverbe populaire « mauvais arrangement mieux vaut, que bon procès ».

Affaire M. **c/ Société**

ESTIMATION DES RISQUES DE DÉPENSE ET DES ESPÉRANCES DE GAIN EN CAS DE PROCÈS POUR LE SALARIÉ

Partons de l'hypothèse d'une action prud'homale sans appel, et où l'Entreprise :
- *régulariserait sans erreur le solde de tout compte ;*
- *réglerait l'indemnité conventionnelle de licenciement ;*
- *réglerait l'indemnité compensatrice de congés payés non pris ;*
- *réglerait l'indemnité compensatrice de repos compensateur non pris ;*
- *ne devrait plus aucune somme telle des heures supplémentaires ;*
- *et remettrait le certificat de travail et l'imprimé ASSEDIC.*

Rémunération mensuelle = Rémunération brute des 12 derniers mois : 12 = ...euros

1. ABSENCE DE CAUSE RÉELLE ET SÉRIEUSE, licenciement non justifié

La réparation minimum a été fixée par le Code du Travail à 6 mois de rémunération dans les entreprises occupant habituellement au moins 11 salariés (L.122-14-4 (al.1), et si le salarié a au moins 2 ans d'ancienneté le jour de la notification de la rupture (Art. L.122-14-5). Dans les autres cas, l'indemnité est calculée en fonction du préjudice subi (Art. L122-14-5 *in fine*). Notons que ces 6 mois minimums visent un jeune célibataire ayant 2 ans d'ancienneté. Dans le cas présent, les Prud'hommes tiendraient probablement compte :
- de l'âge :
- de l'ancienneté :
- de charges de famille :
- de l'étroitesse du métier :
- du contexte vexatoire ayant entouré la rupture du contrat…

Si le salarié perdait son procès .... **0 mois**

Le salarié licencié abusivement subit un préjudice d'autant plus important que certains de ces critères seraient remplis, ce qu'un avocat spécialisé ne manque jamais de faire valoir devant des Prud'hommes, soit au minimum ....**6 mois**

Mais on peut espérer une condamnation supérieure
(entre 6 et 12 mois dans plus de 90 % des cas), soit .... **X mois**

2. APPLICATION DE L'ARTICLE 700 du Nouveau Code de Procédure Civile

Si le salarié gagne son procès, il aura pris soin de demander l'application de cet article 700 du N.C.P.C. « dans toutes les instances, le juge condamne la partie tenue aux dépens ou, à défaut, la partie perdante à payer à l'autre partie la somme qu'il détermine, au titre des frais exposés, et non compris les dépens. Le juge tient compte de l'équité ou de la situation économique de la partie condamnée. Il peut même dire d'office, pour des raisons tirées des mêmes considérations, dire qu'il n'y a pas lieu à cette condamnation ».

- Si le salarié gagne, il peut espérer percevoir entre 1 500 et 3 000 euros. Soit **+ mois**
- Si le salarié perd, il peut être condamné à devoir payer à l'entreprise, entre 1 500 et 3 000 euros. Soit **- mois**

3. FRAIS DE DÉFENSE ET D'AVOCAT

En cas d'action prud'homale, le salarié peut se défendre seul, (mais .... saura t-il le faire en évitant l'affectif, en dégageant bien l'essentiel, en sachant bien préparer son dossier de défense, en ne se faisant pas piéger par l'adversaire ou par lui-même sur la procédure ?) « On est toujours un mauvais avocat pour soi-même » constate l'adage. Soit, selon le temps passé, le nombre d'audiences et la notoriété de l'avocat, un coût réel des honoraires que l'on peut estimer en T.T.C. au moins à ....- mois

EN CAS DE PROCÈS GAGNÉ PAR LE SALARIÉ :

- **TOTAL DE L'ESPÉRANCE DU GAIN ....minimum =_____ mois**
- **TOTAL DE L'ESPÉRANCE DU GAIN ....maximum =_____ mois**

TOTAL DU RISQUE FINANCIER EN CAS DE PROCÈS PERDU **...................Euros**

Si le salarié a renoncé à tout recours, et qu'il a perçu une indemnité transactionnelle, quel est l'effet d'une annulation de la transaction ?

La Cour de cassation en un arrêt n° 98-44.579 P du 09/05/2001 a jugé qu'en l'absence de concessions réciproques, une transaction peut être annulée, même si le salarié avait approuvé et signé une clause précisant que cet acte avait l'autorité de la chose jugée en dernier ressort. Pour elle, l'encaissement des chèques représentant l'indemnité de licenciement et l'indemnité transactionnelle « n'est pas de nature, à lui seul, à caractériser une volonté claire et non équivoque du salarié de renoncer à contester la validité de la transaction ».
Dans ce cas, il est probable que les sommes déjà perçues à titre transactionnel seraient restituables, sauf si le Tribunal condamnait l'ex-employeur à une indemnité égale ou supérieure, auquel cas, les sommes déjà encaissées s'imputeraient. C'est naturellement le cas général.

Les Prud'hommes apprécient-ils une transaction ?

Naturellement, puisque l'objet même de l'organisation de la procédure prud'homale est justement même de tenter de parvenir à une conciliation qui est la première phase obligée.
De plus, observons que lorsque les Conseils de Prud'hommes voient défiler les affaires avec la même entreprise, celle-ci se taille une mauvaise réputation qui ne peut qu'influencer les juges dans les cas qui se renouvellent.
L'usage de la transaction est d'autant plus utile que le ressort du Conseil des Prud'hommes est étroit.

L'indemnité transactionnelle est-elle saisissable en cas de saisie-arrêt ?

Non, car les indemnités qui ont le caractère de dommages-intérêts sont insaisissables (Art. L. 145-2 du C.T.).

XI

LES TRANSACTIONS ET LES CLAUSES DE NON-CONCURRENCE

VUE D'ENSEMBLE

A CLAUSE DE NON-CONCURRENCE ET OBLIGATION DE LOYAUTÉ

B LES 6 CRITÈRES DE LICÉÏTÉ D'UNE CLAUSE DE NON-CONCURRENCE

C RESPECTER LE PRINCIPE DE LÉGITIMITÉ

D ÊTRE LIMITÉE DANS LE TEMPS

E ÊTRE LIMITÉE DANS L'ESPACE

F ÊTRE LIMITÉE DANS L'ACTIVITÉ PROHIBÉE

G ÊTRE PROPORTIONNÉE PAR RAPPORT À L'OBJET DU CONTRAT

H COMPRENDRE UNE CONTREPARTIE FINANCIÈRE

I CLAUSE DE NON-CONCURRENCE ET TRANSACTION

POUR PLUS DE DÉTAILS

A — CLAUSE DE NON-CONCURRENCE ET OBLIGATION DE LOYAUTÉ

Il ne faut pas confondre :

- l'obligation de loyauté qui incombe au salarié, et qui ne prend pas fin avec le contrat de travail, (parfois une clause de style la rappelle dans le contrat de travail) ;
- et une clause de non-concurrence écrite dans le contrat de travail ou dans un de ses avenants, et qui a pour objet d'interdire au salarié d'exercer une activité professionnelle concurrente précise, pendant un temps limité, moyennant une contrepartie financière, après la rupture de son contrat de travail.

Comme cette restriction est une atteinte au principe de la liberté du travail et de la liberté contractuelle, les juges ont petit à petit contrôlé de plus en plus étroitement ce type de clause.

En présence d'une clause contractuelle de non-concurrence (écrite dans le contrat de travail), il convient d'abord de vérifier si la convention collective l'évoque, et dans l'affirmative, les protections et restrictions qu'elle comporte et qui seraient en contradiction avec la clause du contrat de travail. Dans l'affirmative, ce sont les stipulations les plus favorables au salarié qui s'appliqueront. En cas de mutisme conventionnel, il faut vérifier si la clause est licite.

B — LES 6 CRITÈRES DE LICÉÏTÉ D'UNE CLAUSE DE NON-CONCURRENCE

Pour qu'une clause de non-concurrence ne soit pas considérée comme « léonine », (venant du lion, animal réputé le plus fort et pouvant donc imposer unilatéralement sa loi), il faut désormais que six critères cumulatifs soient bien respectés. Ils sont développés dans les points C à H qui suivent.

C RESPECTER LE PRINCIPE DE LÉGITIMITÉ

L'employeur a intérêt à justifier que le seul but de la clause de non-concurrence est de sauvegarder les légitimes intérêts de l'entreprise (jurisprudence constante depuis un arrêt : Cass. soc. 14/05/1992 n° 89-45.300 ; 11/07/2001 n° 99-42.915) :

– elle doit être justifiée par la nature de la tâche à accomplir ;

– et proportionnée au but recherché.

N'importe quel contrat de travail peut comporter une clause de non-concurrence : CDI, CDD, contrat d'apprentissage ou d'alternance, temps partiel, etc.

Une clause de non-concurrence signée s'applique même en cas de rupture pendant la période d'essai.

D ÊTRE LIMITÉE DANS LE TEMPS

Sauf dispositions particulières de la convention collective applicable, il n'y a aucune limite dans la loi. Il appartient aux juges de vérifier la légitimité de la durée pour protéger les intérêts légitimes de l'employeur, tout en permettant quand même au salarié de travailler et de se créer des moyens réguliers d'existence.

En cas de durée excessive, la tendance des Tribunaux est de prononcer l'annulation de la clause.

Sauf en de rares exceptions, nous pouvons considérer qu'au-delà de deux ans, le risque pour l'employeur est que son ex-salarié obtienne des tribunaux l'annulation de la clause, ou, plus subtil, obtienne le paiement de l'indemnité de non-concurrence et la limitation de la durée.

E ÊTRE LIMITÉE DANS L'ESPACE

L'employeur doit avoir interdit une zone géographique strictement nécessaire à la sauvegarde de ses légitimes intérêts. Par exemple, si un commercial qui exerçait depuis deux ans son activité dans le seul département du Rhône, avait signé une clause lui interdisant de travailler en région Rhône-Alpes, celle-ci aurait toutes les chances d'être jugée illégitime et limitée par les juges au département 69. À plus forte raison pour une clause étendue au sud de la Loire ! Le risque serait peut-être l'annulation de la clause dans ce cas. Toutefois, la tendance des tribunaux est de restreindre le secteur, et non d'annuler la clause.

F ÊTRE LIMITÉE DANS L'ACTIVITÉ PROHIBÉE

Une clause de non-concurrence ne peut s'appliquer à toutes les activités d'une société ayant des activités diversifiées, ou pire à toutes les activités d'un Groupe de société. Elle n'a de légitimité que limitée à l'activité exercée par le salarié avant la rupture de son contrat de travail. Ce serait sinon une intolérable atteinte au principe constitutionnel de la liberté du travail.
La tendance des tribunaux est :
- d'annuler les extensions aux activités du Groupe ;
- ou de restreindre le secteur de clientèle.

G ÊTRE PROPORTIONNÉE PAR RAPPORT À L'OBJET DU CONTRAT

C'est-à-dire :
- ne pas interdire au salarié de retrouver un emploi ;
- ne pas laisser le salarié dans l'incertitude ;
- elle s'apprécie au regard de l'importance et de la nature des fonctions exercées.

H COMPRENDRE UNE CONTREPARTIE FINANCIÈRE

Sous l'impulsion de certaines Cour d'appel, la Cour de cassation a opéré un profond revirement jurisprudentiel et décidé en 2002 la nullité de toute clause n'ayant pas prévu une contrepartie financière , soit conventionnelle, soit contractuelle (Cass. soc. 10/07/2002 n° 2723 P+B, n° 2724 P+B, et n° 27285 P+B). C'était déjà le cas en Alsace-Moselle où le statut local imposait une contrepartie financière pendant la durée de l'interdiction. Le reste de la France vient donc d'être aligné sur le régime Alsace-Moselle.

L'indemnité de non-concurrence doit être calculée sur la base de la durée de l'interdiction mentionnée dans le contrat de travail (Cass. soc. 24/06/1992 n° 89-44.584).

Naturellement cette indemnité de non-concurrence n'a pas le caractère de dommages-intérêts, mais celui d'un salaire, elle subit donc les charges sociales et est imposable pour le salarié (Cass. soc. 08/06/1999 n° 96-45. 616, ou 19/12/1990 n°89).

En application de l'article 1152 du Code civil, la clause de non-concurrence étant une clause pénale, le juge peut toujours réduire une contrepartie financière qu'il estimerait trop importante, mais surtout majorer une contrepartie qu'il jugerait trop dérisoire.(Cass. soc. 13/05/1992 n° 89-40.844).

I CLAUSE DE NON-CONCURRENCE ET TRANSACTION

Une clause de non-concurrence, destinée à trouver application postérieurement à la rupture du contrat, n'est pas, sauf disposition expresse contraire, affectée par la transaction intervenue entre les parties pour régler les conséquences d'un licenciement.
Ainsi, lorsque la transaction ne comporte aucune disposition faisant référence à la clause de non-concurrence, cette dernière n'entre pas dans le champ d'application de la transaction. Dès lors, le salarié est fondé à réclamer le paiement de la contrepartie financière (Cass. soc. 21/03/2000 n° 97-43.471).
Lors de toute transaction, les parties peuvent :
- réduire la clause de non-concurrence, une zone de clientèle ou de produits ou services plus restreinte, ou mieux et plus efficace une liste annexée de clients ;
- ajouter un engagement de non-concurrence dans le cas d'absence antérieure de clause de ce type.

L'employeur a toujours le droit unilatéral de renoncer à l'application de la clause, à condition de prévenir le salarié très vite, mais il n'a pas la possibilité d'ajouter un engagement de non-concurrence unilatéralement sans l'accord formel du salarié.

Il en va de même si l'employeur ajoutait lors de la rupture du contrat de travail, une contrepartie financière qui n'existait pas avant. En effet, si la clause

de non-concurrence ne prévoyait pas de contrepartie financière (plus de 50 % des cas actuels) elle serait nulle. Donc l'employeur ne peut modifier unilatéralement le contrat, sans l'accord du salarié. Naturellement, il faudra attendre un jugement sur ce point, mais on peut s'y attendre.
En effet, dans ce cas-là, il s'agirait de la modification d'une clause essentielle du contrat de travail du salarié, que celui-ci est en droit de refuser. Naturellement, ce refus du salarié d'accepter une modification de la clause antérieure par l'introduction d'une contrepartie financière, ne saurait justifier d'un licenciement (Cass. soc. 7/07/1998 n° 3425 P+B).

QUESTIONS / RÉPONSES

Que faire en cas de contradiction entre une clause de non-concurrence contractuelle approuvée et les dispositions de la convention collective ?

Les dispositions conventionnelles, (ou légales, ou jurisprudentielles), s'imposent, si elles sont plus favorables au salarié que les clauses contractuelles (Cass. soc. 07/05/1981 n° 78-14.821, ou 02/12/1998 n° 96-44.769).

Pourquoi permet-on à un juge de réduire l'engagement contractuel du salarié ?

C'est en vertu de l'article L. 1152 du Code civil que le juge possède un pouvoir modérateur sur des clauses qu'il estime abusives et la jurisprudence est constante sur ce point (Cass. soc. 19/07/1998 n° 85-43.719). Considérée comme une clause pénale, le juge peut réduire une clause qui lui semblerait excessive.

Un employeur peut-il mentionner l'existence d'une clause de non-concurrence sur le certificat de travail, afin d'en avertir le futur salarié ?

L'employeur ne pouvant imposer au salarié des mentions sur le certificat de travail autres que celles prévues à l'article L. 122-16 du Code du travail, il ne lui est pas possible d'y mentionner la clause de non-concurrence (Cass. soc. 04/03/1992 n° 88-41.014).

Quel est l'intérêt pour un employeur d'insérer une clause de non-concurrence ?

Dans *Contrats de travail* publié chez MAXIMA- Laurent du Mesnil Editeur, l'auteur précise qu'une clause de non-concurrence est très efficace vis-à-vis d'un salarié honnête !

En pratique, son intérêt majeur est la dissuasion.

Dans le cas ou l'ex-employeur soupçonnerait fort son ex-salarié de ne pas respecter son engagement de non-concurrence, il a deux cibles :

- l'ex-salarié lui-même, mais une citation prud'homale, allongée par d'inévitables appels en cas de condamnation reporte l'affaire à plusieurs années, et le salarié a eu tout le temps d'exercer son activité concurrentielle ;
- l'éventuel nouvel employeur. Là, la justice est très rapide, et cet employeur est solvable. Par contre, comme il va probablement prétendre n'avoir pas été informé, il faut que le précédent employeur ait une preuve indubitable d'information.

Exemple de lettre RAR au salarié et à son nouvel employeur pour « mettre la pression » :

« Vous ne pouvez méconnaître la clause de non-concurrence qui lie M. x à notre entreprise. À partir de cet instant, vous ne pourrez plus l'ignorer, et si vous ne mettez pas fin immédiatement au contrat de travail de l'intéressé ou à ses activités de concurrence, nous serons en droit de considérer que vous vous rendez coupable de complicité et d'actes de concurrence déloyale. »

Car la preuve de la connaissance par le nouvel employeur, d'une clause de non-concurrence liant le salarié quand il l'a embauché, incombe à l'ancien employeur (Cass. com. 18/12/2001 n°2202 P).

XII

LES PRINCIPAUX TEXTES DE LOI CONCERNANT LES TRANSACTIONS

VUE D'ENSEMBLE

POUR PLUS DE DÉTAILS

A LES TEXTES DU CODE CIVIL

Art. 1108. Quatre conditions sont essentielles pour la validité d'une transaction :
- le consentement de la partie qui s'oblige ;
- sa capacité à contracter ;
- un objet certain qui forme la matière de l'engagement ;
- une cause licite dans l'obligation.

Art. 1109. Il n'y a pas de consentement valable si le consentement :
- n'a été donné que par erreur ;
- ou surpris par dol (tromperie).

Art. 1116. Le dol est une cause de nullité de la convention, lorsque les manœuvres pratiquées par l'une des parties sont telles, qu'il est évident que, sans ces manœuvres, l'autre partie n'aurait pas contracté. Il ne se présume pas, il doit être prouvé.

Art. 1121. On peut pareillement stipuler au profit d'un tiers, lorsque telle est la condition d'une stipulation.

Art. 1165. Les conventions n'ont d'effet qu'entre les parties contractantes ; elles ne nuisent point au tiers, et elles ne lui profitent que dans le cas prévu par l'article 1121.

Art. 1184. La condition résolutoire est toujours sous-entendue dans les contrats synallagmatiques, pour le cas où l'une des deux parties ne satisferait point à son engagement.
Dans ce cas, le contrat n'est point résolu de plein droit. La partie envers laquelle l'engagement n'a point été exécuté, a le choix, ou de forcer l'autre à l'exécution de la convention lorsqu'elle est possible, ou d'en demander la résolution avec dommages et intérêts.
La résolution doit être demandée en justice, et il peut être accordé au défendeur un délai selon les circonstances.

Art. 1325. Les actes sous seing privé qui contiennent des conventions synallagmatiques, ne sont valables qu'autant qu'ils ont été faits en autant d'originaux qu'il y a de parties ayant un intérêt distinct.

Il suffit d'un original pour toutes les personnes ayant le même intérêt.
Chaque original doit contenir la mention du nombre des originaux qui en ont été faits.
Néanmoins, le défaut de mention que les originaux ont été faits double, triple, etc., ne peut être opposé par celui qui a exécuté de sa part la convention portée dans l'acte.

Art.1341. Il doit être passé acte devant notaires ou sous signatures privées de toutes choses excédant une somme ou une valeur fixée par décret [5 000 F, selon le décret n°80-533 du 15 juillet 1980, soit 763 euros], même pour dépôts volontaires, et il n'est reçu aucune preuve par témoins contre et outre le contenu aux actes, ni sur ce qui serait allégué avoir été dit avant, lors ou depuis les actes, encore qu'il s'agisse d'une somme ou valeur moindre.
Le tout sans préjudice de ce qui est prescrit dans les lois relatives au commerce.

Art. 1347. Les règles ci-dessus reçoivent exception lorsqu'il existe un commencement de preuve par écrit.
On appelle ainsi tout acte par écrit qui est émané de celui contre lequel la demande est formée, ou de celui qu'il représente, et qui rend vraisemblable le fait allégué.
Peuvent être considérés par le juge comme équivalant à un commencement de preuve par écrit les déclarations faites par une partie lors de sa comparution personnelle, son refus de répondre ou son absence à la comparution.

Art. 1348. Les règles ci-dessus reçoivent encore exception lorsque l'obligation est née d'un quasi-contrat, d'un délit ou d'un quasi-délit, ou lorsque l'une des parties, soit n'a pas eu la possibilité matérielle ou morale de se procurer une preuve littérale de l'acte juridique, soit a perdu le titre qui lui servait de preuve littérale, par suite d'un cas fortuit ou d'une force majeure.
Elles reçoivent aussi exception lorsqu'une partie ou le dépositaire n'a pas conservé le titre original et présente une copie qui en est la reproduction non seulement fidèle mais aussi durable. Est réputée durable toute reproduction indélébile de l'original qui entraîne une modification irréversible du support.

Art. 2044. La transaction est un contrat par lequel les parties terminent une contestation née, ou préviennent une contestation à naître.
Ce contrat doit être rédigé par écrit.

Art. 2045. Pour transiger, il faut avoir la capacité de disposer des objets compris dans la transaction.

Le tuteur ne peut transiger pour le mineur ou le majeur en tutelle que conformément à l'article 467 au titre De la minorité, de la tutelle et de l'émancipation ; et il ne peut transiger avec le mineur devenu majeur, sur le compte de tutelle, que conformément à l'article 472 au même titre.
Les communes et établissements publics ne peuvent transiger qu'avec l'autorisation expresse du Roi [du Président de la République].

Art. 2046. On peut transiger sur l'intérêt civil qui résulte d'un délit.
La transaction n'empêche pas la poursuite du ministère public.

Art. 2047. On peut ajouter à une transaction la stipulation d'une peine contre celui qui manquera de l'exécuter.

Art. 2048. Les transactions se renferment dans leur objet : la renonciation qui y est faite à tous droits, actions et prétentions, ne s'entend que de ce qui est relatif au différend qui y a donné lieu.

Art. 2049. Les transactions ne règlent que les différends qui s'y trouvent compris, soit que les parties aient manifesté leur intention par des expressions spéciales ou générales, soit que l'on reconnaisse cette intention par une suite nécessaire de ce qui est exprimé.

Art. 2050. Si celui qui avait transigé sur un droit qu'il avait de son chef acquiert ensuite un droit semblable du chef d'une autre personne, il n'est point, quant au droit nouvellement acquis, lié par la transaction antérieure.

Art. 2051. La transaction faite par l'un des intéressés ne lie point les autres intéressés et ne peut être opposée par eux.

Art. 2052. Les transactions ont, entre les parties, l'autorité de la chose jugée en dernier ressort.
Elles ne peuvent être attaquées pour cause d'erreur de droit, ni pour cause de lésion.

Art. 2053. Néanmoins, une transaction peut être rescindée, lorsqu'il y a erreur dans la personne ou sur l'objet de la contestation.
Elle peut l'être dans tous les cas où il y a dol ou violence.

Art. 2054. Il y a également lieu à l'action en rescision contre une transaction, lorsqu'elle a été faite en exécution d'un titre nul, à moins que les parties n'aient expressément traité sur la nullité.

Art. 2055. La transaction faite sur pièces qui depuis ont été reconnues fausses est entièrement nulle.

Art. 2056. La transaction sur un procès terminé par un jugement passé en force de chose jugée, dont les parties ou l'une d'elles n'avaient point connaissance, est nulle.
Si le jugement ignoré des parties était susceptible d'appel, la transaction sera valable.

Art. 2057. Lorsque les parties ont transigé généralement sur toutes les affaires qu'elles pouvaient avoir ensemble, les titres qui leur étaient alors inconnus, et qui auraient été postérieurement découverts, ne sont point une cause de rescision, à moins qu'ils n'aient été retenus par le fait de l'une des parties.
Mais la transaction serait nulle si elle n'avait qu'un objet sur lequel il serait constaté, par des titres nouvellement découverts, que l'une des parties n'avait aucun droit.

Art. 2058. L'erreur de calcul dans une transaction doit être réparée.

B LES TEXTES DU CODE DU TRAVAIL

Art. L 120-4. Le contrat de travail est exécuté de bonne foi.

Art. L 121-1. Le contrat de travail est soumis aux règles du droit commun.
Il peut être constaté dans les formes qu'il convient aux parties contractantes d'adopter.
Le contrat de travail constaté par écrit est rédigé en français.
Lorsque l'emploi qui fait l'objet du contrat ne peut être désigné que par un terme étranger sans correspondant en français, le contrat de travail doit comporter une explication en français du terme étranger.
Lorsque le salarié est étranger et le contrat constaté par écrit, une traduction du contrat est rédigée, à la demande du salarié, dans la langue de ce dernier.
Les deux textes font également foi en justice. En cas de discordance entre les deux textes, seul le texte rédigé dans la langue du salarié étranger peut être invoqué contre ce dernier.
L'employeur ne pourra se prévaloir à l'encontre du salarié auquel elles feraient grief des clauses d'un contrat de travail conclu en violation du présent article.

Art. L 122-14-4. (Extraits). Si le licenciement d'un salarié survient sans observation de la procédure requise à la présente section, mais pour une cause réelle et sérieuse, le tribunal saisi doit imposer à l'employeur d'accomplir la procédure prévue et accorder au salarié, à la charge de l'employeur, une indemnité qui ne peut être supérieure à un mois de salaire ; si ce licenciement survient pour une cause qui n'est pas réelle et sérieuse, le tribunal peut proposer la réintégration du salarié dans l'entreprise, avec maintien de ses avantages acquis ; en cas de refus par l'une ou l'autre des parties, le tribunal octroie au salarié une indemnité. Cette indemnité, qui ne peut être inférieure aux salaires des six derniers mois, est due sans préjudice, le cas échéant, de l'indemnité prévue à l'article L 122-9.

Le tribunal ordonne également le remboursement par l'employeur fautif aux organismes concernés de tout ou partie des indemnités de chômages payées au salarié licencié du jour de son licenciement au jour du jugement prononcé par le tribunal, dans la limite de six mois d'indemnités de chômage par salarié concerné. Ce remboursement est ordonné d'office par le tribunal dans le cas où les organismes concernés ne sont pas intervenus à l'instance ou n'ont pas fait connaître le montant des indemnités versées. Une copie certifiée conforme du jugement est adressée par le secrétariat du tribunal à ces organismes. Sur le fondement de ce jugement et lorsque celui-ci est exécutoire, les institutions qui versent les allocations de chômage peuvent poursuivre le recouvrement des indemnités devant le tribunal d'instance du domicile de l'employeur et selon une procédure fixée par décret. (...)

Troisième Partie

LE DÉPART NÉGOCIÉ

XIII

LE DÉPART NÉGOCIÉ

(ou rupture amiable, ou rupture par consentement mutuel ou rupture conventionnelle)

VUE D'ENSEMBLE

- **A** NE PAS CONFONDRE TRANSACTION ET DÉPART NÉGOCIÉ
- **B** DÉFINITION ET INTÉRÊT DU DÉPART NÉGOCIÉ
- **C** LA LICÉITE D'UN DÉPART D'UN COMMUN ACCORD
- **D** LES 3 CAS PRÉVUS PAR LE CODE DU TRAVAIL
- **E** LES 4 CAS D'INTERDICTION ABSOLUE
- **F** LES EFFETS JURIDIQUES D'UN DÉPART NÉGOCIÉ, PROCÉDURE ET PRÉAVIS
- **G** LES 11 CONDITIONS NÉCESSAIRES DE VALIDITÉ D'UN DÉPART NÉGOCIÉ
- **H** LES 5 CONDITIONS RELATIVES À OBSERVER POUR SIGNER UN DÉPART NÉGOCIÉ SÛR
- **I** LE RÉGIME FISCAL ET SOCIAL DES SOMMES VERSÉES

J LE DÉPART NÉGOCIÉ ET LES ALLOCATIONS CHÔMAGE

K LES PRÉCAUTIONS À PRENDRE DANS LA RÉDACTION DE L'ACTE DE DÉPART NÉGOCIÉ

POUR PLUS DE DÉTAILS

A NE PAS CONFONDRE TRANSACTION ET DÉPART NÉGOCIÉ

Il ne faut pas confondre les deux notions juridiques très distinctes que sont :

- **le départ négocié**, ou « **rupture amiable** » dit également « **par consentement mutuel** », régi par l'article 1134 du Code civil, et qui est un mode autonome de rupture du contrat de travail reposant sur la liberté contractuelle ;
- et **la transaction**, régie par les articles 2044 à 2058 du Code civil, qui est, pour l'essentiel, un cas d'accompagnement d'un licenciement déjà notifié, ou plus rarement d'une mise à la retraite, d'un litige ou d'une démission.

Dans un arrêt majeur (Cass. soc. 16/05/2000 n° 235, RJS 8/00 n° 788), la Cour de cassation a précisé que la rupture d'un commun accord qui a pour seul objet de mettre fin aux relations des parties, ne constituait pas une transaction destinée à mettre fin à toute contestation née ou à naître résultant de la rupture définitive du contrat de travail.

B DÉFINITION ET INTÉRÊT DU DÉPART NÉGOCIÉ

Un contrat de travail peut toujours cesser par la volonté :

- du salarié (démission, départ à la retraite...) ;
- de l'employeur (licenciement, mise à la retraite...) ;

mais il peut aussi cesser par la volonté commune des parties, celles-ci concrétisant leur accord sur le principe sur le départ et les conditions de la cessation des relations de travail, en application de l'article 1134 du Code civil.

> « Les conventions légalement formées tiennent lieu de loi à ceux qui les ont faites. Elles ne peuvent être révoquées que de leur consentement mutuel, ou pour les causes que la loi autorise. Elles doivent être exécutées de bonne foi ».

Cet article, que nous considérons comme le plus important du droit du travail (bien qu'il ne soit pas intégré dans le Code du travail, sauf pour sa dernière phrase) signifie que dans l'autonomie des deux volontés ayant signé une convention,

- si celle-ci est « légalement formée », (c'est-à-dire non interdite par un texte, toute clause illégale étant réputée non écrite),

cette convention a entre les parties qui l'ont signée, l'autorité de la chose jugée en dernier ressort.

Toutefois, concernant l'application de cet article au droit social, nous enregistrons de très nombreuses exceptions.

Son intérêt pratique, quoique limité dans la pratique, est évident.
Elle peut intervenir chaque fois qu'aucune des parties ne peut ou ne souhaite supporter la charge de l'imputabilité de la rupture. Par exemple :

- en cas de mésentente ou de divergences profondes entre les parties ;
- l'initiative de rupture prise par le salarié pour des raisons d'ordre personnel ;
- des événements extérieurs aux parties mais non constitutifs de la force majeure.
- « l'habillage » élégant d'un souhait de départ à la retraite, le salarié ne remplissant plus les conditions pour avoir droit aux allocations de l'ASSEDIC...

De plus, ce mode de rupture autonome du contrat, présente d'incontestables avantages sur le plan financier, il permet de fixer une indemnité inférieure à l'indemnité de licenciement, cette indemnité pouvant échapper aux charges sociales et à l'impôt si l'acte est conclu par un professionnel.
Un salarié, dont le contrat a pris fin par la volonté commune des parties (art. 1134), ne peut réclamer une indemnité de préavis (Cass. soc. 12/02/1985 n° 82-42.934 ; 30/01/1991 n° 87-45.303).

La rupture d'un commun accord est un accord par lequel les parties décident de mettre fin au contrat de travail. Cet accord donnant lieu à une négociation, on la dénomme rupture « négociée ». Cette rupture se distingue de la résiliation judiciaire du contrat de travail qui est prononcée par le juge pour sanctionner l'inexécution de ses obligations par l'une ou l'autre des parties (Cass. soc. 22/10/1997, n° 95-41.866). Elle se distingue également de la résiliation unilatérale dont le type est la démission, la rupture pour faute de l'employeur (voir chap. II), ou le licenciement. Enfin, elle ne se confond pas avec la transaction car son objet est de rompre le contrat, tandis que la transaction règle un différend né d'une rupture déjà prononcée.

C LA LICÉITÉ D'UN DÉPART D'UN COMMUN ACCORD

Elle est plus généralement inscrite dans l'article 1134 du Code civil qui prévoit la révocation des contrats par voie de consentement mutuel et implicitement dans l'article L. 121-1 du Code du travail qui renvoie au droit commun des contrats civils.
En effet, il ne peut être soutenu qu'il soit étranger au droit social puisque l'article L. 121-1 du C.T. édicte que « Le contrat de travail est soumis aux règles du droit commun ».
Cette licité relève également de l'article L. 122-3-8 du Code du travail qui réserve expressément la possibilité de rompre avant terme le contrat à durée déterminée par accord des parties.

Pourtant, la Cour de cassation avait longtemps hésité avant de tolérer le principe de la rupture amiable qu'elle présente désormais comme un mode spécifique de rupture (Cass. soc. 30/05/1979, no 77-41.304, ou Cass. soc. 29/05/1996, n° 92-45.115) valable même lorsqu'une procédure spéciale est instituée par la loi (Cass. crim., 28/11/1984, n° 83-93.094, ou Cass. soc. 9/071981 n° 79-42.263).
L'accord doit être conclu librement, le consentement du salarié étant exempt de vice (erreur, violence, dol). Les règles de droit commun des contrats ; c'est à celui qui invoque le vice d'en rapporter la preuve : « Considérant... que le salarié ne démontre pas que, pour souscrire à une telle convention, il a été victime de la part de son employeur de manœuvres dolosives, ou encore qu'il a subi des violences ou pressions morales qui ont eu pour effet de vicier sa volonté ; qu'il s'ensuit qu'il a librement consenti aux modalités de l'accord intervenu, peu important que les négociations entre les parties qui ont précédé la signature de l'acte aient été brèves. » (C.A. Paris, 22ème chambre, 23/05/1986).

Parmi les causes d'erreur souvent relevées figurent le dol, (les tromperies, les informations erronées ou insuffisantes données par l'employeur, en particulier lorsqu'il précise, à tort, que l'indemnité versée à l'occasion du départ n'est pas imposable ou lorsqu'il affirme que l'intéressé sera indemnisé par l'ASSEDIC). Il y a là un cas de nullité de la convention et, en tout cas, d'une source de préjudice pour le salarié (Cass. soc. 19/12/1990 n° 88-41.363). Le conseil de prud'hommes est compétent pour connaître des litiges relatifs à la rupture amiable et pour se prononcer sur l'existence d'un vice du consentement, en vertu du principe de compétence générale inscrit dans l'article L. 511-1 du Code du travail (Cass. soc. 5/03/1986 n° 83-40.233).

La rupture négociée n'est valable que si elle est indépendante de tout litige
L'existence d'un litige conduit souvent le juge à requalifier l'accord de rupture en transaction (Cass. soc. 29/05/1996, n° 92-45.115, Bull. civ. V, n° 215 ; Cass. soc. 02/12/1997, n° 95-42.008 ; Cass. soc. 06/05/1998, n° 96-40.610).
La rupture négociée étant un mode spécifique de rupture, elle évince les règles du licenciement et, en particulier l'obligation de respecter la procédure de licenciement et le préavis (Cass. soc. 12/02/1985, n° 82-42.934, ou 12/03/1993, ou 30/061993 n° 92-40.008).

Sauf vice du consentement, l'accord de rupture exclut aussi la sanction du licenciement sans cause réelle et sérieuse (Cass. soc. 19/12/1979 n° 77-12.061, ou17/01/1985 n° 82-42.75698). Toutefois, des exceptions à ce principe existent lorsque la rupture s'inscrit dans le cadre de mesures justifiées par la situation économique de l'entreprise.

D LES 3 CAS PRÉVUS PAR LE CODE DU TRAVAIL

- Rupture du contrat d'apprentissage (Art. L117-17) ;
- Rupture du C.D.D. (Art. L 122-3-8) ;
- Cessation anticipée d'activité avant 60 ans (ARPE).

E LES 4 CAS D'INTERDICTION ABSOLUE

Illicéité des ruptures amiables concernant les salariés protégés, même si l'Inspecteur du travail avait approuvé la rupture ainsi négociée (Cass. soc. 19/10/1993. n°91-85.795, mais il s'agit d'une jurisprudence constante). Il est interdit à l'employeur et au salarié protégé de conclure un accord « article 1134 »), pour mettre fin au contrat de travail en dehors des règles légales. Cette solution est justifiée par l'indisponibilité du statut protecteur, le salarié ne pouvant « renoncer à une protection qui lui est accordée pour l'exercice de sa mission » (Cass. crim. 26/11/1985 n° 83-90.199, Cass. soc. 01/06/1994 n° 93-40.040, ou 21/02/1996 n° 92-44.842).

En cas de motif économique (Art. L 321-1). En effet, depuis la loi du 29/07/1992, si le départ négocié (article 1134), est admis dans le cadre d'un licenciement économique, il appartient à l'Employeur de respecter au préalable, toutes les obligations de la procédure de licenciement pour motif économique. Les départs négociés qui s'inscrivent dans le cadre d'un plan social ou d'un plan de sauvegarde de l'emploi, sont soumis aux règles de procédure applicables aux licenciements pour motif économique (Cass. soc. 10/04/1991 n° 89-18.485). Cette loi a introduit l'article 321-1, al. 2 qui dispose que « Les dispositions du présent chapitre sont applicables à toute rupture du contrat de travail résultant de l'une des causes énoncées à l'alinéa précédent ». L'alinéa précédent est celui qui définit le licenciement pour motif économique. En effet, depuis cette loi du 29/07/1992, si le départ négocié est admis dans le cadre d'un licenciement économique, (tel est le cas des appels aux « départs volontaires », la jurisprudence a soumis tous les départs volontaires à l'obligation de respecter la formalité de l'information et de la consultation des Représentants du Personnel dans ce cas (Cass. crim. 29/11/1994 n° 93-81.321, Cass. soc. 22/02/1995 n° 92-11.566).).

Par contre, le transfert du salarié, en particulier lorsqu'il est reclassé dans une des sociétés d'un groupe, permet d'éviter le licenciement. Un accord tripartite entre la société d'origine, la société d'accueil et le salarié permet de rompre le contrat avec la première et d'en assurer la continuité avec la seconde. Il s'agit d'un accord de rupture amiable (article 1134) qui, conclu en dehors de tout litige, est valable (Cass. soc. 05/05/1998 n° 95-43.851). Toutefois, comme on est au stade du reclassement, toute la procédure de licenciement antérieure doit avoir été respectée. Rappelons que l'adhésion du salarié à une convention de conversion (dispositif supprimé depuis le 01/07/2001) emportait rupture d'un commun accord au sens de l'article L. 321-6 du Code du travail. Toutefois, il s'agissait d'une fausse rupture conventionnelle qui n'évinçait pas les règles du licenciement : la cause économique pouvait être contestée, l'ordre des licenciements également et la lettre de licenciement qui accompagnait ou suivait la proposition, devait être motivée.

En cas d'inaptitude physique au travail consécutif à un accident du travail ou une maladie professionnelle contractée dans la société employeur. En effet, les dispositions des articles L. 122-24-4 et 122-32-5 du Code du travail prévoient notamment que si, après une déclaration d'inaptitude prononcée par le médecin du travail à l'issue des périodes de suspension du contrat de travail, le salarié n'est pas,dans le délai d'un mois, reclassé dans l'entreprise ou licencié, l'employeur est tenu de reprendre le paiement du salaire. La Cour de cassation dans un arrêt (29/06/1999 n° 96-44.160 P+B) en a déduit que la loi exclu dans cette hypothèse la possibilité pour les parties de signer une rupture d'un commun accord du contrat de travail, ce qui aurait pour effet d'éluder une obligation légale de l'employeur. Dès lors, la loi exclue la possibilité pour les parties de transiger et de signer la rupture du contrat de travail d'un commun accord (Cass. soc. 12/02/2002 n° 99-41.698 P). Bref, il n'y a pas d'alternative.

Pendant la suspension du contrat de travail suite à un accident du travail, (Cass. soc. 04/01/2000 n° 97-44.566).

On constate donc que la jurisprudence restreint de plus en plus la possibilité de rompre un contrat de travail par consentement mutuel au sens de l'article 1134, et à marginaliser ce type de rupture.
Certes, chacun conçoit que dans l'autonomie des deux volontés ayant signé un contrat de travail (l'employeur et le salarié), il n'y a pas équilibre ; l'employeur a une « autonomie » plus autonome que celle dont dispose le salarié. Dès lors, un des objectifs du Code du Travail est d'éviter un bus de position dominante. Mais que d'incertitudes juridiques, surtout lorsqu'on constate que le salarié dispose de 30 ans pour contester son licenciement, alors que cette durée est de 20 jours en Espagne, 21 jours en Allemagne, 30 jours en Belgique, 3 mois en Italie et en Grande-Bretagne, ou 6 mois aux Pays-Bas.
Le départ négocié, dans ces conditions, conserve quand même, par rapport à une transaction, l'intérêt principal d'éviter le formalisme de la rupture, l'absence de notification du licenciement et d'énumération des motifs. Il permet, comme la transaction de fixer d'un commun accord les modalités du préavis et des indemnisations du départ. Il a l'inconvénient d'être plus risqué pour le salarié, vis-à-vis du fisc et de l'ASSEDIC.

F LES EFFETS JURIDIQUES D'UN DÉPART NÉGOCIÉ, PROCÉDURE ET PRÉAVIS

Un départ négocié par consentement mutuel a deux effets juridiques, mais entre les deux seules parties.

Un effet créateur d'un droit nouveau entre les parties.
Aux termes de l'article 1134 du Code civil, « les conventions légalement formées tiennent lieu de loi à ceux qui les ont faites ».

Une fois stipulé et signé, l'acte constatant le départ négocié acquiert un caractère irrévocable. La jurisprudence fait une application stricte des dispositions du Code civil : la rupture négociée ne pourra être remise en cause sauf vice du consentement ou inexécution de ses obligations par l'une des parties (Cass. soc. 13/05/1985 n° 84-43.367).
Les parties sont donc définitivement liées, une fois l'accord conclu. De la sorte, un salarié qui aurait signé un accord de départ négocié ne comportant pas, par exemple, les conditions d'indemnisation dont il aurait bénéficié en cas de licenciement pur et simple, ne pourra obtenir paiement d'une indemnité de licenciement ou de dommages-intérêts pour licenciement abusif. L'acceptation du départ négocié fait obstacle à l'application des règles d'indemnisation et de réparation du licenciement (Cass. soc. 19/12/1979 n° 77-12.061, ou 3/101985, n° 83-41.774, ou 30/06/1993 n° 92-40.008).
Rien n'interdit avec ce mode de rupture, de fixer des avantages financiers moins avantageux que l'indemnité de licenciement.

Un effet extinctif, c'est-à-dire qu'elle est un obstacle à la recevabilité d'une demande ultérieure du salarié devant toute juridiction.
Il y aurait obstacle à l'effet extinctif si :
- l'une des parties ne respectait pas son engagement ;
- les deux parties substituaient un nouvel acte juridique ou une transaction à l'ancien ;
- si l'accord écrit était rescindé en cas de dol (tromperie) ou de violence.

À condition toutefois qu'il soit régulier et valide.
Mais ce caractère extinctif n'a d'effet qu'entre les signataires, et ne saurait engager les tiers : Un acte de rupture par consentement mutuel n'a pas d'effet sur une poursuite pénale, les droits de l'ASSEDIC, de la Sécurité sociale, le fisc... En effet, un accord signé par l'un des intéressés, ne lie point les autres intéressés et ne peut être opposé par eux. Il ne peut faire naître un droit au profit d'un tiers ou une obligation à sa charge.

Le sort des indemnités versées à cette occasion, sur le plan de l'URSSAF et des ASSEDIC est plus incertain que dans la transaction.
D'où le **soin à apporter dans la rédaction** d'un tel accord, qu'il vaut mieux confier à un spécialiste.

Procédure et préavis

Dès lors que le consentement des parties n'est pas vicié, la rupture d'un commun accord n'entraîne aucun respect de procédure de quelque nature que ce soit, sauf si la rupture négociée s'inscrit dans un contexte économique. Les parties ont totale liberté pour entrer en pourparlers et signer un acte

manifestant leur accord. Il n'y a pas de chronologie stricte à respecter puisque la rupture (hors contexte économique) n'est pas « enfermée » dans une procédure stricte.
Selon la jurisprudence, lorsque la rupture du contrat a lieu d'un commun accord, aucun préavis n'est dû (Cass. soc. 30/06/1993 n° 92-40.008). Bien entendu, les parties à l'accord de rupture peuvent stipuler toute clause et prévoir notamment le principe d'un préavis exécuté ou indemnisé sans être effectué.
Un accord de départ négocié ne peut survenir après un licenciement. L'accord étant lui-même un mode de rupture, il ne peut venir rompre une seconde fois un contrat qui l'est déjà. Comme la jurisprudence l'indique, l'accord serait qualifié de transaction et il lui faudrait présenter toutes les caractéristiques de cette dernière. À défaut, la rupture serait considérée comme un licenciement abusif ou la transaction nulle (Cass. soc. 02/12/1997 n° 95-42.008).
De la sorte, une erreur d'enchaînement (départ négocié conclu après décision de licenciement non notifiée) peut se retourner contre un employeur et aboutir à sa condamnation pécuniaire.

G LES 11 CONDITIONS NÉCESSAIRES DE VALIDITÉ D'UN DÉPART NÉGOCIÉ

1. **Il doit avoir un objet licite.** S'il ne vise qu'à faire échec à certaines règles relatives à la rupture du contrat de travail, qui sont d'ordre public, il est annulé et redressé (Cass. soc. 18/06/1996 n° 92-44.729, n° 2845 P, RJS 10/96 n°1045). Il ne doit y avoir de contradiction entre les différentes clauses de l'acte (Cass. soc. 18/05/1999 n° 97-40.439, n°2266 P). Il ne peut, naturellement, avoir pour véritable objet que de faire échapper certaines sommes aux cotisations sociales et à l'impôt sur le revenu.
2. **Il peut intervenir à tout moment,** dès lors que les parties sont d'accord pour rompre le contrat de travail.
3. **Il implique qu'il y ait absence d'une situation pré-conflictuelle latente**, mais une situation face à laquelle les parties hésitent à s'engager, l'employeur craignant de prendre l'initiative du départ, le salarié craignant de démissionner (perte des indemnités de licenciement et des allocations de chômage). L'existence d'un litige entre les parties exclut la possibilité de conclure un accord amiable (Cass. soc. 31/10/2000 n° 98-46.086, ou 11/10/2000 n° 96-43.086). Dans cette

dernière affaire, le salarié avait été convoqué à un entretien préalable à un licenciement, la preuve était apportée qu'il ne pouvait s'agir d'une rupture « amiable ». Cette position de la Haute Cour nous semble vraiment bizarre. En effet, alors que la loi autorise le divorce par « consentement mutuel » pour lequel il y a bien la plupart du temps des litiges entre les conjoints, la jurisprudence l'interdise entre un salarié et un employeur. D'autre part, l'entretien préalable n'est qu'une discussion contradictoire avant une éventuelle sanction.

4. **Mais la rupture négociée n'est valable que si elle est indépendante de tout litige.** L'existence d'un litige conduit souvent le juge à requalifier l'accord de rupture en transaction (Cass. soc. 29.05.96, n° 92-45.115, ou 02/12/1997 n° 95-42.008, ou 06/05/1998 n° 96-40.610). La rupture négociée étant un mode spécifique de rupture, elle évince les règles du licenciement et, en particulier l'obligation de respecter la procédure de licenciement et le préavis (Cass. soc. 12/02/1985 n° 82-42.934, ou 12/05/1993 n° 89-43.346). Il ne peut y avoir « départ négocié, article 1134 », dans le cas d'un licenciement notifié (Cass. soc. 16/07/1997 RJS 10/97 n° 1089, 09/05/2001 RJS 09/2001 n° 996).
5. Les juges laissent les parties libres d'organiser la rupture en la présentant comme un licenciement, comme une démission (Cass. soc. 08/01/1985. n° 82-43.376), ou une résiliation par consentement mutuel. Si la rupture d'un commun accord n'entraîne pas l'obligation de respecter la procédure de licenciement (Cass. soc. 12/ 05/1993 n° 89-43.346), rien ne l'interdit. En particulier si l'on veut respecter les droits du salarié vis-à-vis des allocations chômage, et du caractère non imposable des indemnités convenues. Dans ce cas, il conviendra de définir dans l'acte, les motifs réels pouvant justifier de la rupture. Mais pratiquement, on voit mal l'intérêt du départ négocié dans ce cas, et nous ne saurions trop recommander aux parties de conclure une transaction. Tel est notamment le cas d'un départ négocié pour motif économique qui « ne peut avoir pour effet d'éluder l'application des dispositions d'ordre public propres au licenciement économique » estime la jurisprudence.
6. **Il doit être signé en toute connaissance de cause,** le salarié ayant eu le temps de réflexion suffisant pour avoir pu apprécier l'étendue de son engagement et pris les conseils suffisants.
7. **Il doit être rédigé par écrit et dûment approuvé par les deux parties.**
8. **Il doit avoir été signé librement sans que le consentement du salarié ait été vicié.**

Il ne doit y avoir eu :

- aucune manœuvre dolosive (tromperie), le cas le plus fréquent est celui où l'employeur a donné des informations erronées lors des négociations et qui ont influencé la décision du salarié, par exemple, que l'indemnité convenue serait non imposable, ou que le salarié bénéficierait des allocations de l'ASSEDIC ;
- ou de pressions morales telles qu'elles se traduiraient en « violence ».

9. **Il ne peut avoir pour effet une renonciation par un salarié à un droit** qu'il tient des dispositions d'ordre public ou de la convention collective applicable. Toute clause ayant cet objet serait nulle. C'est pourquoi, ce mode est interdit pour mettre fin au contrat d'un salarié protégé.
10. **Les sommes attribuées en indemnité de départ, ne peuvent réparer un préjudice financier, mais uniquement un préjudice moral.** C'est à ce seul titre qu'elles sont exemptées de cotisations sociales et d'impôt sur le revenu (I.R.P.P.), mais ces sommes subissent la CSG et la CRDS. Par un certain nombre d'arrêt, la Cour de cassation a jugé que les indemnités versées à titre de dommages-intérêts aux salariés démissionnaires n'échappent aux cotisations sociales que si, pour chacun des salariés, la rupture du contrat de travail a été provoquée par l'employeur et si les sommes versées ont bien eu pour seul objet de réparer le préjudice moral né de la perte de leur emploi (Cass. soc. 06/01/1998 RJS 3/98 n° 362, ou 23/05/2000 RJS 10/00 n° 992).
11. Le consentement du salarié doit être eclairé, et l'employeur a l'obligation de lui fournir des renseignements complets et précis.

Un consentement éclairé, l'obligation de renseignement par l'employeur

Un certain nombre d'arrêts ont condamné l'employeur à réparer le préjudice subi par le salarié ayant signé une transaction, au motif que la société n'avait pas exécuté de bonne foi son obligation de renseignement (Cass. soc. 10/10/1996 n° 94-20.161 P+B). Donc, à plus forte raison pour un départ négocié, et si l'on ne trouve pas de jurisprudence, c'est parce que l'utilisation de cette forme de rupture du contrat est très rare.

Ces renseignements doivent être donnés de bonne foi

L'employeur est souvent condamné lorsqu'il a livré des renseignements qui s'avéreront erronés (exonération fiscale, montant de l'indemnisation ASSEDIC, oubli de préciser les délais de carence ou les différés d'indemnisation par l'ASSEDIC...). D'autant plus que ces informations fausses ou omises, l'auraient été intentionnellement. (Cass. soc. 15/04/1996 n° 92-44.286).

Nous conseillons à l'employeur de bien se renseigner, d'être prudent, en précisant que ce ne sont que les règles actuellement connues, car elles peuvent changer (fisc, URSSAF, ASSEDIC...). Certains confient cette mission, ainsi que la rédaction de la transaction à un avocat. C'est celui-ci qui, dès lors, endosserait la responsabilité.

H LES 5 CONDITIONS RELATIVES À OBSERVER POUR SIGNER UN ACCORD NÉGOCIÉ SÛR

1. Bien scinder et distinguer :
- l'accord portant sur des sommes soumises aux charges sociales ;
- le montant de l'indemnité légale ou conventionnelle de licenciement ;
- le montant, qualifié « d'indemnité de départ » ou « d'incitation au départ », présumé réparer un préjudice uniquement moral ou la perte d'emploi.

2. L'acte de départ négocié ne règle que les différends qui s'y trouvent compris
Il n'a l'autorité de la chose jugée que dans les limites de la contestation à laquelle il a mis fin ou qu'il a empêchée.

3. L'acte de départ négocié ne peut porter que sur des droits nés à la date de la rupture
Par exemple, il n'est pas de nature à priver un salarié licencié pour motif économique – ou ayant adhéré à une convention de conversion – de la priorité de réembauchage dont il bénéficie pendant un an (Cour d'Appel de Dijon 9/06/1993).

4. Veiller au classement des pièces
Veiller à définir où seront prudemment classées les pièces ayant servies au calcul de la transaction :
- dans le dossier individuel ou un dossier spécifique on classe les éléments officiels de rupture du contrat et la transaction, ce dossier pouvant être produit lors de contrôles ultérieurs (URSSAF, fisc...).
- ailleurs, (et pas n'importe où), les éléments de négociation ayant servi

à définir les concessions réciproques. Ces pièces souvent abondantes, et parfois compromettantes, ne servent à rien dans le dossier, une fois la transaction signée. C'est un jeu d'enfant pour un contrôleur URSSAF de demander ce dossier non-expurgé, son redressement est alors facile, et si l'employeur rechignait, il craindrait en plus le pénal.

5. Un acte de départ négocié n'entraîne pas automatiquement renonciation à action prud'homale

À notre sens, une rupture par consentement mutuel, comme pour les transactions « se renferment dans leur objet : la renonciation qui y est faite à tous droits, actions et prétentions ne s'entend que de ce qui est relatif au différend qui y a donné lieu » comme le précise l'article 2048 du Code civil. Dès lors que le différend porte sur un autre objet que la rupture du contrat proprement dite, une action prud'homale est toujours possible. Il en va de même des demandes en annulation des transactions, lorsqu'une seule des conditions nécessaires n'est pas remplie (voir paragraphe précédent).

I LE RÉGIME FISCAL ET SOCIAL DES SOMMES VERSÉES

Se reporter au chapitre ayant le même objet, concernant la transaction. Mais comprenons que les risques en sont encore pus grands, et qu'il faut redoubler de précautions.

J LE DÉPART NÉGOCIÉ ET LES ALLOCATIONS CHÔMAGE

Pour bénéficier des allocations chômage, plusieurs conditions doivent être remplies ; l'une d'entre elles tient aux modalités de rupture du contrat de travail : le salarié doit avoir été involontairement privé d'emploi. En aucune façon, il ne doit avoir participé à la décision qui a entraîné la perte de son emploi.

Une rupture sous forme de départ négocié est, *a priori,* un mode de rupture où le salarié participe à la décision qui le conduit à la perte d'emploi. En théorie, il ne peut donc être indemnisé par l'ASSEDIC.

L'UNEDIC a toutefois pris des dispositions en faveur des salariés qui rompent leur contrat dans le cadre d'une rupture négociée. Les droits sont différents selon que cette rupture s'effectue hors de tout contexte économique ou dans ce contexte particulier.

Départ négocié hors d'un contexte économique

Dans cette situation, le chômeur peut obtenir toutefois des allocations. En effet, selon l'UNEDIC, si le chômeur n'est pas reclassé après au moins 121 jours de chômage, il peut demander l'examen de son dossier par la commission paritaire de l'ASSEDIC (Délibération UNEDIC n° 3, § 1).

Cet examen a pour objet de rechercher si au cours de la période des 121 jours, l'intéressé a accompli des efforts en vue de se réinsérer.

Plusieurs conditions sont toutefois nécessaires :

- l'intéressé doit demander expressément le réexamen de ses droits ;
- l'intéressé doit avoir quitté l'emploi au titre duquel les allocations lui ont été refusées depuis au moins 121 jours ;
- l'intéressé doit remplir toutes les conditions auxquelles le règlement subordonne l'ouverture d'une période d'indemnisation (aptitude, âge, affiliation).

Le délai de 121 jours de chômage est un délai préfix qui court dès le lendemain de la dernière fin du contrat de travail. Le délai de 121 jours est allongé des périodes ayant donné lieu à prise en charge des indemnités journalières de la Sécurité sociale à condition que celles-ci aient été d'une durée au moins égale à 21 jours consécutifs.

C'est uniquement sur la constatation d'une réelle recherche de reclassement que doit porter l'enquête de l'ASSEDIC et l'appréciation de la commission paritaire.

Les motifs du départ volontaire ne sont pas à considérer à ce stade. L'intéressé doit apporter des éléments attestant ses recherches actives d'emploi, ses éventuelles reprises d'emploi de courte durée et ses démarches pour entreprendre des actions de formation, de réinsertion ou de requalification.

La commission peut ensuite décider de l'admission dès le 122e jour (Circ. UNEDIC n° 97-06, 17/04/1997).

Départ négocié pour motif économique

Lorsque le motif de la rupture est d'ordre économique, l'UNEDIC recommande aux ASSEDIC de reconnaître le bénéfice de l'assurance-chômage aux salariés qui acceptent de cesser leur activité dans le cadre de départs négociés, qu'il y ait :

- ou aide au départ versée dans le cadre d'un plan social ;
- ou aide accordée hors plan social dès lors qu'il s'agit d'une mesure sociale destinée à faciliter le départ des salariés ;

– ou transaction conclue ;
– ou départ par consentement mutuel.

Ainsi, depuis la loi du 29/07/1992 (n° 92-722), toutes les périodes de chômage consécutives à des ruptures de contrat de travail qui ne seraient pas qualifiées de licenciement, mais qui, par application de cette loi, donneraient lieu à la procédure de licenciement économique, doivent automatiquement être considérées comme du chômage involontaire ouvrant droit aux allocations de chômage et ceci en application du protocole d'accord relatif à l'assurance-chômage du 18/07/1992. Dès lors, le salarié qui part volontairement dans le cadre d'une rupture d'un commun accord pour motif économique – cette rupture s'inscrivant dans le cadre d'une procédure de licenciement économique – est assimilé à un salarié licencié pour motif économique.

K LES PRÉCAUTIONS À PRENDRE DANS LA RÉDACTION DE L'ACTE DE DÉPART NÉGOCIÉ

Les précautions à prendre, tant vis-à-vis du fisc, de l'URSSAF, des ASSEDIC, du salarié lui-même ou de son défenseur, sont telles, que l'on comprendra aisément pourquoi cet acte est rare, hors les cas légaux. Les employeurs ont intérêt à privilégier la transaction et sinon à prendre les conseils d'un avocat spécialisé.

QUESTIONS / RÉPONSES

Une indemnité d'aide à la réorientation est-elle imposable ?

Normalement, lorsqu'une entreprise est en difficulté économique et propose des aides au départ volontaire, celles-ci ne sont pas soumises aux charges sociales et ne sont pas imposables pour le salarié dans la mesure où elles ont été prévues dans le cadre d'un plan social. (Cass. soc. 15/12/1999 n° 98-41.549 arrêt n° 4866).

La rédaction d'une convention est-elle nécessaire ?

Non, le formalisme n'est pas figé à la seule rédaction d'un acte écrit, l'accord peut résulter d'un échange de correspondance. Il s'agira, alors, de l'acceptation par l'une des parties d'une proposition émanant de l'autre partie. Les courriers, en cas de besoin, démontreront la rencontre des consentements sur la rupture et sur les conditions de celle-ci.

Que penser de l'appellation « Protocole d'accord » ?

À notre sens, il faut opter pour un accord amiable article 1134 ou pour la transaction. Rien n'est plus dangereux que de tenter de louvoyer entre ces deux solutions. Dans une affaire célèbre, les juges ont estimé qu'une transaction ne peut avoir pour objet de déterminer l'auteur de la rupture (Cass. soc. 16/07/1997 n° 94-42.283). En l'occurrence un « protocole d'accord » avait énoncé le point de vue des deux parties, l'employeur considérant qu'il s'agissait d'une démission et le salarié d'un licenciement. Le salarié avait renoncé à tout recours par cet acte. Les juges ont estimé qu'il n'avait pour objet que de déterminer l'auteur de la rupture.

Un accord 1134 peut-il être signé après la rupture du contrat ?

Naturellement non, tout acte conclu après un licenciement est une transaction, même s'il se réfère l'article 1134 (Cass. soc. 21/06/1995 n° 91-45.806 P). Il en va de même pour un acte se référant aussi à l'article 1134 après la rupture du contrat (Cass. soc. 06/05/1998 n) 96-40.610 P).

INDEX THÉMATIQUE

A/B

C

D

E

F/G

H/I

J/K

L

M

N

O

P/Q

R

S

T

U

V

Composé par A. Taicher